서철원 박사 교의신학

V

구원론
―
의롭다 하심, 거룩하게 됨

Justificatio, Sanctificatio

성령은 선포된 복음으로 사람의 지성을 조명하고
심장에 인쳐서 믿음고백을 하게 하신다.
사람의 믿음고백과 함께 죄용서와 의롭다 하는 선언이 이루어진다.
성령은 믿음고백한 자들을 복음의 내용으로 역사하셔서
옛사람 곧 육의 욕망을 버리고 거룩으로 나아가게 하신다.

서 철 원

Soteriologia

* 이 책은 특허법에 의해 보호받는 저작물이므로 복사하거나 복제 또 전자복사 저장하는 것을 일체 불허함. 단지 인용은 허용함.
* 이 책에 인용된 성경은 한글개역판임.

구원론 – 의롭다 하심, 거룩하게 됨
서철원 박사 교의신학 V

1판 1쇄 인쇄 _ 2018년 4월 20일
1판 1쇄 발행 _ 2018년 4월 30일

지은이 _ 서철원
펴낸이 _ 이형규
펴낸곳 _ 쿰란출판사
기 획 _ 창조경륜사

주소 _ 서울특별시 종로구 이화장길 6
편집부 _ 745-1007, 745-1301~2, 747-1212, 743-1300
영업부 _ 747-1004, FAX 745-8490
본사평생전화번호 _ 0502-756-1004
홈페이지 _ http://www.qumran.co.kr
E-mail _ qrbooks@gmail.com / qrbooks@daum.net
한글인터넷주소 _ 쿰란, 쿰란출판사
등록 _ 제1-670호 (1988.2.27)
책임교열 _ 최진희·김영미

ⓒ 서철원 2018   ISBN 979-11-6143-132-1 94230
                    979-11-6143-135-2 (세트)

책값은 뒤표지에 있습니다.
이 출판물은 저작권법에 의해 보호를 받는 저작물이므로 무단 복제할 수 없습니다.
파본 (破本)은 구입처에서 교환해 드립니다.

서철원 박사 교의신학

구원론
―
의롭다 하심, 거룩하게 됨

머리말

구원론은 죄로 인해 멸망하는 길밖에 없는 백성을 향하여 하나님이 베푸시는 위로를 다루는 신학이다. 하나님이 창조경륜을 성취하기 위하여 반역한 백성을 돌이켜 다시 자기의 백성으로 삼으시려고 창조주가 사람이 되시고 피 흘리심으로 죗값을 갚아 범죄한 인류를 다시 구원하셨다.

하나님이 육신이 되셔서 피 흘리심으로 인류의 죗값을 갚으시어 죄와 죽음에서 구원하셨다. 이 피 흘리심을 적용하여 사람들을 구원하시려고 하나님이 성령을 보내시어 예수 그리스도의 복음을 선포하게 하시고 사람들을 믿게 하신다.

그리고 믿는 자들을 그리스도의 피로 씻어서 의롭다 하시고 거룩하게 하신다. 거룩하게 하는 것은 그리스도를 믿는 믿음으로 죄의 욕망을 버리고 사는 것을 말한다. 거룩하게 하는 일에 성령이 역사하셔서 그리스도의 복음으로 죄의 욕망을 버리게 하신다.

지금껏 성화작업은 그리스도인이 스스로 노력해서 하는 것으로 오해되어 왔다. 거룩하게 되는 길은 그리스도의 구속사역을 표명한 말씀들을 선언함으로 이루어진다. 성화작업은 사람이 노력해서 결코 이룰 수 없다. 오직 그리스도의 피와 십자가의 권세를 적용하므로 죄의 욕망을 이기어 거룩으로 나아가는 길만 성립한다.

　이 진리가 2천 년 교회사에 감춰져 있어서 교회생활에 괴로움이 많았다. 성화작업이 복음선포와 그리스도의 구속사역을 표명하는 말씀을 선언함으로 이루어진다는 것을 이 책에서 전개하고 있다. 이 진리를 명심하면 성화작업이 즐거운 찬송이 된다. 성경적 성화법을 적용하였더라면 2천 년의 교회의 삶이 고행이 아니라 은혜의 찬송이 되었을 것이다. 내가 성화를 이루는 것이 아니고 하나님의 구원 은혜가 이루기 때문이다.

　하나님의 구원은 다 은혜의 역사이다.

　책을 교정해준 아내와 출판을 후원해주신 한기승 목사, 소강석 목사와 무명으로 도우신 분에게 깊은 감사를 표한다. 출판을 맡아준 쿰란출판사의 대표에게도 감사를 표한다.

2018년 3월 5일
저자 서철원

차례

머리말…4

제1장 서론

제1절 정의 ………………………………………………… 24
    1.1.1. 예수 믿는 믿음고백에 근거해서 의롭다 함 ……… 24
제2절 창조경륜의 성취: 구원론의 근거 ……………………… 25
    1.2.1. 그리스도의 구속사역 ………………………… 25
    1.2.2. 구원의 적용 …………………………………… 26
제3절 구원서정의 요점들 …………………………………… 27
    1.3.1. 부르심: 전도 곧 복음선포 …………………… 27
    1.3.2. 거듭남 ………………………………………… 27
    1.3.3. 믿음고백 ……………………………………… 28
    1.3.4. 믿음고백과 함께 회개가 일어남 ……………… 28
    1.3.5. 의롭다 하심 …………………………………… 29
    1.3.6. 거룩하게 됨 …………………………………… 30
    1.3.7. 완전성화의 문제 ……………………………… 31
    1.3.8. 성화작업이 끝남 ……………………………… 31
제4절 알미니안-웨슬리안 구원서정 ………………………… 31
    1.4.1. 회개하고 회개에 합당한 행위를 함 …………… 32

	1.4.2.	믿기로 작정함	32
	1.4.3.	믿음 후에 중생이 일어남	33
	1.4.4.	중생과 함께 성화작업이 일어남	33
	1.4.5.	완전성화로 칭의를 받음	34
	1.4.6.	완전성화도 상실할 수 있음	34

제2장 반역을 무효화하여 창조경륜을 성취

제1절 창조경륜: 구원론의 발생적 근거 36
    2.1.1. 반역이 일어남 37
제2절 구원경륜 38
    2.2.1. 구원적용으로 백성을 회복 39

제3장 구원론의 근거: 그리스도의 구원사역

제4장 부르심과 거듭남: 구원적용의 시작

제1절 복음선포=부르심 46
    4.1.1. 복음선포가 부르심 46
    4.1.2. 보편적인 부르심 47
    4.1.3. 복음전파에 대한 자연적 반응 48
    4.1.4. 효력 있는 부름 49
    4.1.5. 효력을 내는 부름의 요건 50
    4.1.6. 전도 (부름)의 세 단계 52
    4.1.7. 전도자를 세움 53

4.1.7.1.	사람의 구원이므로 전도자로 전도하게 하심	54
4.1.7.2.	복음의 핵심을 말해야 성령이 역사하심	54
4.1.8.	복음의 전파와 함께 성령이 역사하심	54
4.1.9.	말씀과 성령의 역사하심의 관계	55
4.1.10.	복음선포와 그리스도와의 연합의 문제	55

제2절 거듭남 56

4.2.1.	거듭남의 정의	56
4.2.1.1.	복음에 대한 반감을 내려놓게 하심	56
4.2.1.2.	복음으로 지성을 깨우치심	57
4.2.1.3.	의지를 설득하여 복음을 받아들이도록 하심	58
4.2.1.4.	새사람이 살아남	58
4.2.2.	거듭남의 역사자	59
4.2.3.	거듭남의 근거와 재료	61
4.2.4.	새사람과 옛사람	62
4.2.4.1.	새사람	62
4.2.4.2.	옛사람	63

제5장 믿음고백과 뉘우치고 돌이킴: 구원을 받아들임

제1절 구원하는 믿음 66

5.1.1.	믿음을 조성하심	66
5.1.2.	믿음고백을 함	67
5.1.2.1.	믿음고백은 믿는 사람이 함	67
5.1.2.2.	믿음고백이 믿음을 믿음이 되게 함	68
5.1.2.3.	믿음고백과 회개가 동시에	68
5.1.2.4.	언제나 믿음고백을 계속해야 함	68
5.1.2.5.	계속적인 믿음고백으로 그리스도가 내 안에 사심	69
5.1.3.	죄고백과 죄를 버림	69

5.1.4.	삶의 방향을 돌이킴	70
5.1.4.1.	믿음고백과 함께 그리스도의 피로 죄용서를 구함	70
5.1.4.2.	주 예수가 유일한 구주이심을 고백하고 하나님께로 완전 돌아섬	70
5.1.5.	개종이나 회심이 아니라 회개임	71
5.1.5.1.	성경 용어들: 모두 회개와 돌이킴임	71
5.1.6.	거듭되는 회개	72
5.1.7.	믿음의 세 요소: 복음선포, 믿음고백, 계속적인 믿음고백	73
5.1.7.1.	믿음의 대상지식, 찬동, 신뢰는 바른 제시가 아님	73
5.1.7.1.1.	믿음의 대상의 지식을 온전한 복음선포로 바꾸어야 함	74
5.1.7.1.2.	찬동은 믿음고백으로 바꾸어야 함	75
5.1.7.1.3.	신뢰를 계속적인 믿음고백으로 바꾸어야 함	75
5.1.7.2.	믿음의 세 요소: 온전한 복음선포와 믿음고백과 계속적인 믿음고백	76
5.1.7.2.1.	온전한 복음선포=믿음의 대상지식	76
5.1.7.2.2.	믿음고백	77
5.1.7.2.3.	계속적인 믿음고백	80
5.1.7.2.3.1.	처음 믿음고백 때부터 확신하는 믿음	80
5.1.7.2.3.2.	계속적인 믿음고백으로 확신 가운데 살게 됨	82
5.1.8.	믿음이 곧 의	83
제2절	믿음과 행함의 문제	85
5.2.1.	토마스 아퀴나스의 가르침	86
5.2.1.1.	믿음: 진리에 대한 찬동	87
5.2.1.2.	교회의 신앙: 형성된 믿음	88
5.2.1.2.1.	교회의 신앙이 형성된 믿음이라고 부르는 이유	88
5.2.1.3.	비형성된 믿음	90
5.2.1.3.1.	비형성된 신앙도 하나님이 주신 것	90
5.2.1.4.	믿음: 찬동으로 사고하는 것	91

5.2.1.5.	명시적 신앙	92
5.2.1.5.1.	비형성된 신앙=잠재신앙	93
5.2.1.6.	믿음은 공로적: 자유의지에서 나왔으므로	94
5.2.1.7.	의롭다 함: 덕으로 이루어짐	95
5.2.1.8.	형성된 믿음: 사랑으로 형성	96
5.2.1.9.	선행으로 영생을 얻음	97
5.2.1.10.	자유의지의 결정으로 선으로 기울음	98
5.2.2.	로마교회의 전통적 가르침	99
5.2.2.1.	믿음은 구원에 불충분: 믿음은 칭의의 준비단계	99
5.2.2.2.	믿음은 시작과 준비이고 행함이 구원에 필수적	100
5.2.2.2.1.	믿음은 준비이고 사랑의 열매가 있어야 구원 얻음	100
5.2.2.2.2.	믿음만으로는 안 되고 계명들을 지켜야 영생 얻음	101
5.2.2.3.	믿음에 회개의 열매가 있어야 함	102
5.2.2.3.1.	믿음과 회개의 열매로	102
5.2.2.4.	신뢰믿음은 불충분: 선한 행동들 필요	102
5.2.2.5.	행함 없는 믿음=죽은 믿음	103
5.2.2.6.	행함으로 칭의	103
5.2.2.6.1.	자유의지의 역사로	104
5.2.2.7.	범죄로 자유의지가 상실되지 않았음	104
5.2.2.8.	인간본성의 전적 부패가 아님	105
5.2.2.8.1.	은혜 없이도 도덕적 선을 행할 수 있음	105
5.2.2.9.	사람은 자유의지로 하나님을 저항하고 자기의 일을 결정	105
5.2.2.9.1.	자유의지로 하나님도 반항함	106
5.2.2.10.	구원에 하나님과 사람이 함께 역사	106
5.2.2.11.	자유의지가 계시 진리이므로 자유 소홀 불가	107
5.2.2.11.1.	하나님의 주권적 사역과 사람의 자유의지 다 보존	107

5.2.2.11.2.	자유로 선행을 하도록 하나님이 창조	107
5.2.2.12.	트렌트 공회의는 칼빈의 선택과 유기 교리를 배척	108
5.2.2.12.1.	하나님의 만인 구원의지: 무조건적 확실성은 부정	108
5.2.2.13.	선행은 공로	109

제6장   의롭다 하심

제1절 의롭다 하심 112

6.1.1.	의롭다 하심	112
6.1.1.1.	주 예수를 믿는 믿음이 의	112
6.1.2.	구속사역의 적용 (=의의 전가)	113
6.1.2.1.	그리스도의 피 흘리심을 적용하여 의롭다 하심	114
6.1.2.2.	그리스도가 율법준수로 이룬 의를 전가한 것이 아님	114
6.1.2.3.	그리스도의 의=그리스도가 피 흘리심으로 죄를 속량함	116
6.1.2.4.	의롭다는 선언=그리스도의 피 흘리심으로 이룬 죄용서를 적용하심	116
6.1.3.	법정적인 선언	117
6.1.3.1.	내적 변화가 아니라 사법적 선언	117
6.1.4.	의롭다 하심의 시기	118
6.1.4.1.	믿음고백 때 의롭다 함을 얻음	118
6.1.4.2.	영원에서의 칭의는 사변임	119
6.1.4.3.	그리스도의 부활 시 의의 선언도 정당하지 못함	120
6.1.4.4.	구원적용의 때에 의롭다고 선언	120
6.1.5.	의롭다 하심: 전적인 은혜	121
6.1.6.	의롭다 하심의 근거: 그리스도의 구속사역	121
6.1.6.1.	의=피 흘려 죄를 용서하심	122
6.1.6.2.	의롭다 하심: 죄용서를 믿음고백자에게 선언	122

제2절　죄과의 제거 ……………………………………………… 123
 6.2.1. 죄용서 ……………………………………… 123
  6.2.1.1. 그리스도의 피 흘린 것을 믿는 믿음을 의롭다 하심　123
  6.2.1.2. 그리스도의 흘리신 피로 죄를 용서하시고 의롭다
      하심 ………………………………………… 123
 6.2.2. 죄과의 제거 ……………………………… 124
  6.2.2.1. 그리스도의 피로 죄과를 제거함으로 죄책 면제　124
  6.2.2.2. 의롭다 하심: 죄책의 제거 ……………… 124
  6.2.2.3. 죄책의 제거로 생존권 허락 …………… 124
 6.2.3. 영생을 보장하심 ………………………… 125
  6.2.3.1. 아들을 믿는 믿음을 의롭다 하시어 영생을 주심　125
  6.2.3.2. 믿음을 의로 정하셔서 영생을 주심 …… 125
 6.2.4. 믿음은 의롭다 하심의 통로 …………… 126
  6.2.4.1. 믿음이 하나님의 선물이므로 공로적 성격이 배제됨　126
  6.2.4.2. 믿음을 공로로 보는 교회 ……………… 127

제3절　아들이 됨 ………………………………………………… 128
 6.3.1. 아들로 삼음 ……………………………… 128
  6.3.1.1. 믿는 자들을 의롭다 하시고 아들로 삼으심 … 128
 6.3.2. 아들로서 상속자가 됨 …………………… 129
  6.3.2.1. 아들 됨의 증거: 성령의 내주; 하나님을 아버지로
      부름 ………………………………………… 129
 6.3.3. 아들 됨은 자유를 얻음임 ……………… 130
  6.3.3.1. 믿어 하나님의 아들이 되었으므로 죄에서 자유함　130
  6.3.3.2. 아들로 삼으심으로 우리 옛사람을 십자가에 못 박아
      죄짓지 못하게 하심 ……………………… 131

제4절　종말론적인 의롭다 하심 ………………………………… 133
 6.4.1. 믿을 때 의롭다 하심이 마지막 칭의 선언 … 134

제5절　도덕적 칭의의 문제 ……………………………………… 135
 6.5.1. 칭의는 전적으로 은혜이므로 법정적 칭의 … 135

6.5.2.	도덕적 칭의: 자격을 갖추어서 의를 받는 것 …	135
6.5.2.1.	아리스토텔레스의 정의의 개념: 자격에 기초해서 배분받음 ……………………………………	136
6.5.2.1.1.	정의: 자격에 근거해서 배당받음 ……………	136
6.5.2.2.	토마스의 의의 정의: 각자에게 자기의 권리를 돌리는 것 혹은 할당하는 것 ……………………………	137
6.5.2.2.1.	선행으로 죄를 없이해서 의를 받기에 합당하게 만들어야 함 ………………………………	138
6.5.2.3.	피니의 도덕적 칭의론 …………………	138
6.5.2.3.1.	법정적 칭의 불가 …………………………	138
6.5.2.3.2.	대리적 속죄에 근거한 칭의도 불가 …………	139
6.5.2.3.3.	그리스도가 도덕법에 순종: 자신에게만 타당…	139
6.5.2.3.4.	그리스도의 속죄사역: 칭의의 한 조건 ………	140
6.5.2.3.5.	믿음과 회개: 칭의의 조건 …………………	140
6.5.2.3.6.	사랑의 역사가 있는 믿음만이 칭의의 근거 …	140
6.5.2.3.7.	현재의 성화: 칭의의 한 조건; 끝까지 순종으로 칭의 받음 …………………………………	140
6.5.2.3.8.	죄와 의의 전가 불가 ………………………	141
6.5.2.3.9.	칭의의 근거: 하나님의 무한한 사랑; 그리스도의 구속사역: 칭의의 하나의 조건 ………………	141
6.5.2.3.10.	성화로 죄를 없이해서 칭의 받음=도덕적 칭의	142
6.5.2.4.	웨슬리의 도덕적 칭의 관념 ……………………	142
6.5.2.4.1.	예정 교리는 선포를 무용지물로, 선행의 열심을 파괴한다고 주장 ………………………………	143
6.5.2.4.2.	구원은 불가항력적 은혜로 되는 것 아님 ……	143
6.5.2.4.3.	선행 은혜와 협동으로 구원성취 ……………	143
6.5.2.4.4.	선한 행위들로 구원 얻음 ……………………	144
6.5.2.4.5.	회개에 합당한 열매로 구원받음 ……………	144
6.5.2.4.6.	칭의는 선한 행위들 곧 성화로 받음 …………	145

6.5.2.4.7.	사랑의 선행으로 믿음에 이르고 성화로 칭의 받음	145
6.5.2.4.8.	선행 은혜를 따르기로 함으로 믿음에 이른다고 함	146
6.5.2.4.9.	선한 행위가 성화의 조건	146
6.5.2.4.10.	성화로 칭의 됨	146
6.5.2.5.	알미니우스의 도덕적 칭의론	147
6.5.2.5.1.	자유의지로 구원 얻음	147
6.5.2.5.2.	믿음을 예지하고 예정	148
6.5.2.5.3.	믿음은 전적으로 자유의지의 행사	148
6.5.2.5.4.	선행 은혜의 도움으로 자유의지가 믿음 선택	149
6.5.2.5.5.	먼저 회개하고 스스로 믿어 영생을 받음	150
6.5.2.5.6.	불가항력적 은혜로 믿음을 주는 것이 아니고 사람이 주도적으로 믿기로 결정하면 은혜를 베푸심	150
6.5.2.5.7.	회개하고 믿어야 의 곧 구원에 이름: 불가항력적 은혜로 아님	151
6.5.2.5.8.	선행하는 은혜의 도움을 받아 자유의지로 구원받음	152
6.5.2.5.9.	도덕적 칭의를 강조	152

제7장   그리스도와의 연합과 성령의 내주

제1절 그리스도와 연합 ... 154

7.1.1.	신비한 연합	154
7.1.1.1.	믿음고백으로 그리스도와 연합됨	154
7.1.1.2.	성령이 그리스도와 신자 간의 연합의 띠	154
7.1.1.3.	연합은 그리스도에게 접붙임임	155
7.1.1.4.	그리스도와의 연합은 그에게 심겨짐임	155
7.1.1.5.	그리스도에게 심겨진 자들이 그리스도의 생명으로 삶	156
7.1.1.6.	연합은 그리스도와 한 몸이 됨임	157
7.1.1.7.	그리스도와의 연합: 신비한 연합; 실체적 연합이 아님	158

	7.1.2.	연합의 시기	159
	7.1.2.1.	믿음고백 시에 연합이 이루어짐.................	159
	7.1.3.	연합: 은혜의 통로	160
제2절	성령의 내주	....	161
	7.2.1.	성령의 내주	161
	7.2.1.1.	성령이 그리스도와 연합된 사람들 안에 거주	161
	7.2.1.2.	성령의 내주: 믿는 자들과 지속적이고 항속적인 인격적 관계를 맺음임	162
	7.2.1.3.	성령 내주의 증거: 하나님을 아버지라고 부름	162
	7.2.2.	성령으로 인침: 성령의 내주	163
	7.2.2.1.	성령의 내주: 믿는 자들의 부활과 영생 보증 ...	163
	7.2.3.	성령으로 하나님을 아버지라고 부름...........	164
	7.2.3.1.	성령이 믿는 자들로 하나님을 아버지라고 부르게 함	164
	7.2.3.2.	하나님을 아버지라고 불러 기도함: 성령 모심의 확실한 증거	164
	7.2.3.3.	성령 내주로 아들이므로 상속자가 됨	165
	7.2.4.	성령의 내주: 거룩하게 됨을 시작하심	165
	7.2.4.1.	성령은 그의 내주로 믿는 자들을 거룩하게 하심	165

제8장 　　　　　　　　　　　거룩하게 됨

제1절	거룩하게 하심	....	168
	8.1.1.	거룩하게 하심	168
	8.1.1.1.	주 예수의 구속사역의 선포에 성령이 역사하셔서 죄를 끊게 하심	168
	8.1.1.2.	성령은 백성을 거룩하게 하여 하나님의 충만한 거주를 준비	168
	8.1.1.3.	복음선포로 성령은 죄의 욕망을 내려놓게 하심	169

8.1.1.3.1.	거룩하게 됨이 하나님의 사역	170
8.1.2.	구속의 말씀을 선포함으로 옛사람을 죽임	171
8.1.3.	기도로 옛사람을 죽이는 일을 성령께 의탁함	172
8.1.4.	본성이 된 죄의 욕망	174
8.1.4.1.	재물욕	174
8.1.4.2.	육욕	177
8.1.4.3.	자기 성취 욕구	178

제2절 성경적 성화법: 거룩하게 됨은 구속사역의 말씀을 적용하여 이루어짐 181

8.2.1.	성령이 역사하시는 방식	182
8.2.2.	죄의 욕망을 이기는 길	184
8.2.2.1.	주 예수의 피가 나를 모든 죄에서 깨끗하게 한다고 선언함으로 죄의 욕망을 이김	186
8.2.2.2.	그리스도로 말미암아 세상과 내가 십자가에 못 박혔다고 선언하여 안목의 정욕을 이김	187
8.2.2.3.	내가 그리스도와 함께 죄에 대하여 죽었다고 선언하여 죄의 욕망을 이김	188
8.2.2.4.	나의 옛사람이 예수와 함께 십자가에 못 박혔다고 선언하여 죄의 욕망을 이김	189
8.2.2.5.	"주 예수님, 내가 주를 믿습니다"라는 믿음고백을 끊임없이 함으로 죄의 욕망을 이김	189

제3절 기도로 옛사람을 죽임 190

8.3.1.	우리의 요청하는 기도를 통하여 성령이 역사하심	191
8.3.2.	옛사람의 방식을 내려놓고 성령의 인도를 따르기로 기도함	193

제4절 거룩하게 됨 195

8.4.1.	그리스도의 피로 씻어져서 거룩으로 나아감	196
8.4.2.	복음선포에 성령이 역사하셔서 거룩으로 나아감	196
8.4.3.	거룩으로 나아감으로 하나님의 임재가 풍성해짐	197

제5절 거룩하게 됨과 선한 행실들 ... 198
8.5.1. 그리스도의 생명의 역사로 선한 행실을 함 ... 198
8.5.2. 그리스도의 생명의 역사로 선한 사업을 일으킴 ... 199
8.5.3. 선한 행실로 하나님의 구원 은혜를 증거 ... 200
8.5.4. 선한 행실에 공로 성격이 없다 ... 201

제6절 거룩하게 됨의 작업을 마침 ... 202
8.6.1. 옛사람과의 싸움은 일생 이어짐 ... 203
8.6.2. 옛사람과의 싸움이 죽음에서 끝남 ... 206

제7절 완전성화의 문제 ... 206
8.7.1. 요한 웨슬리의 완전성화론 ... 207
8.7.1.1. 완전성화 ... 207
8.7.1.1.1. 완전성화: 온 심장으로 하나님을 사랑함 ... 207
8.7.1.1.2. 완전성화: 죄에서 완전한 자유 ... 208
8.7.1.1.3. 완전성화: 철저한 내적 변화 ... 208
8.7.1.1.4. 전적 성화: 죄의 뿌리에서 해방, 신 형상 완전회복 ... 209
8.7.1.2. 점진적 성화 ... 209
8.7.1.2.1. 출생 시부터 점진적 성화 ... 209
8.7.1.2.2. 점진적 성화: 사람이 은혜와 협동하여 이룸; 은혜의 단독사역 아님 ... 210
8.7.1.3. 완전성화: 잃을 수 있음 ... 210
8.7.1.4. 원죄와 죽음의 관계: 각 사람은 자기 죄로 죽음; 원죄 때문이 아님 ... 211
8.7.1.5. 구원과 선행 은혜의 관계 ... 211
8.7.1.5.1. 선행 은혜: 보편적; 선행 은혜로 거룩으로 나아감 ... 211
8.7.1.5.2. 사람의 구원: 선행하는 보편 은혜와 협동해서 이룸 ... 212
8.7.1.6. 그리스도의 속죄사역과 구원의 관계 ... 213
8.7.1.6.1. 보편적 속죄: 그리스도는 만인의 구원 가능성 획득 ... 213
8.7.1.6.2. 그리스도의 속죄사역: 죄용서를 위해서, 우리 안의 지옥 불 끔 ... 213

8.7.1.7.	구원과 자유의지의 관계	214
8.7.1.7.1.	모든 사람은 은혜로 자유의지 회복: 선악 선택의 자유 가짐	214
8.7.1.7.2.	자유의지로 구원 선택 가능	214
8.7.1.7.3.	은혜를 사용하지 않아서 죄 지음	214
8.7.1.8.	신인협동으로 구원에 이름	215
8.7.1.8.1.	우리가 우리를 구원하지 않으면 하나님도 구원하시지 않음	215
8.7.1.9.	아담의 죄와 그리스도의 죽음의 관계	215
8.7.1.9.1.	죽음: 아담의 죄의 전가로 아니고: 개인의 죄 선택으로	215
8.7.1.9.2.	그리스도의 죽음: 아담의 죄과에서 모든 사람 해방	216
8.7.1.9.3.	용서받을 죄: 의도적 외적 죄들	216
8.7.1.9.4.	사람은 원죄 때문이 아니고 자기의 죄 때문에 형벌 받음	216
8.7.1.9.5.	사람 안의 죄는 죄가 아니고 죄를 선택해서 죄가 됨	216
8.7.1.9.6.	무의식 범죄는 정죄되지 않음	217
8.7.1.10.	회개와 회개의 열매로 칭의 받음	217
8.7.1.10.1.	회개가 믿음에 절대적으로 앞서 감	217
8.7.1.10.2.	회개의 열매가 칭의에 필수적	217
8.7.1.11.	믿음과 선행 은혜의 관계	218
8.7.1.11.1.	믿음을 주시기를 기도해야 하나님이 믿음 일으키심	218
8.7.1.11.2.	첫 믿음: 선행하는 은혜와 협동으로; 첫 믿음으로 죄용서 받음	218
8.7.1.11.3.	아들의 믿음: 하나님에 대한 확실한 신뢰	218
8.7.1.12.	사랑의 선행으로 칭의 받음	219
8.7.1.12.1.	믿음은 단지 사랑의 수단일 뿐	219
8.7.1.12.2.	선행이 칭의에 필수적	219
8.7.1.13.	선행으로 완전성화를 이룸	219
8.7.1.13.1.	선행들로 완전성화	219

8.7.1.13.2.	완전성화로 하나님께 온전히 헌신	219
8.7.1.13.3.	완전성화는 죄에서 완전 자유	220
8.7.1.14.	완전성화로 칭의 받음	220
8.7.1.14.1.	선행 은혜로 선행을 하여 전적 성화에 이름: 따라서 칭의 받음	220
8.7.1.14.2.	중생으로 성화 시작: 주입된 의로 거룩하게 됨	221
8.7.1.14.3.	완전성화를 위해 우리의 노력이 필수적	221
8.7.1.15.	점진적 완전성화와 순간 완전성화	221
8.7.1.15.1.	점진적 성화에서 순간 완전성화로	221
8.7.1.16.	현생에서 완전성화 도달	222
8.7.2.	19세기에 완전주의가 피니에 의해서 미국에 정착	222
8.7.2.1.	완전성화: 하나님의 법에 전적 순종	223
8.7.2.2.	완전성화: 자연적 힘으로 현세에서 도달 가능	223
8.7.2.3.	완전: 하나님 사랑, 그리스도 사랑, 사람 사랑에서 완전함	224
8.7.2.4.	완전성화의 사례들	224
8.7.2.5.	반론: 성화는 성령이 복음선포에 역사하셔서 이루심	225
8.7.3.	알미니우스의 완전성화	225
8.7.3.1.	하나님의 계명들을 완전하게 지킬 수 있음	225
8.7.3.2.	자기 힘과 능력으로 아니고 그리스도의 은혜로 완전 선을 행함	226
8.7.3.3.	은혜의 도움으로 선행을 하지만 은혜는 불가항력적이 아님	226
8.7.3.4.	선행의 주체는 자유의지	227
8.7.4.	펠라기우스의 완전성화	227
8.7.4.1.	자유의지는 죄지을 필요도 없고 하나님의 도움도 필요하지 않다는 것	227
8.7.4.2.	자유의지의 결정을 받아야 하고 도움을 기도할 필요가 없음: 의는 자기 자신으로부터만 옴	228

8.7.4.3.	인간이 능력이 있으므로 완전 가능	228
8.7.4.4.	바울은 죄 없는 완전한 사람	228
8.7.4.5.	아담은 죄로 죽은 것이 아니고 티끌로 지어졌기 때문에	229
8.7.4.6.	아담의 범죄: 후손에게 전달 아님	229
8.7.4.7.	세례로 원죄가 씻어졌으면 유전은 불가	230

제9장　　　믿는 자의 끝까지 참아냄

제1절　끝까지 참아냄 232

9.1.1.	끝까지 믿음에 머무르는 것은 하나님이 택하여 구원을 주셨기 때문	234
9.1.2.	탈락 불가 이유는 그리스도에게 접붙여졌기 때문	235
9.1.3.	탈락 불가 이유는 성령으로 인쳐졌기 때문	235
9.1.4.	탈락 불가 이유는 믿는 사람들이 창조경륜에 합당하기 때문	236

제2절　구원에서 떨어짐의 가능성 문제 236

9.2.1.	알미니안 신학의 견해	237
9.2.1.1.	개조할 수 없는 사람들: 진노 아래 두기로 작정	237
9.2.1.2.	그리스도: 각 사람을 위해 죽고 죄용서 획득	238
9.2.1.3.	참으로 선한 것을 바르게 이해하고 행할 수 있기 위해서 중생해야 함	238
9.2.1.4.	돕는 은혜로 선행을 하지만 은혜는 불가항력적 아님	239
9.2.1.5.	접붙여진 사람들: 죄와 사탄과 싸울 힘을 가졌으나 탈락 가능	239
9.2.2.	알미니우스의 견해	240
9.2.2.1.	그리스도에 접붙여진 사람들: 죄와 싸울 힘 가짐; 무조건적 인내는 아님	240

9.2.2.2.	예정 교리: 구원에 필수적 아님; 회개와 믿음이 구원의 확실성의 기초	241
9.2.2.3.	자유의지 때문에 불가항력적 은혜가 아님: 예정 교리; 은혜 파괴	241
9.2.2.4.	예정 교리: 자유의지 파괴	242
9.2.2.5.	예정 교리는 하나님의 의 사랑을 무너뜨림	243
9.2.2.6.	예정 교리는 그리스도의 구속사역 없이 구원됨을 뜻한다고 함	244
9.2.2.7.	무조건적 예정이 아니고 믿을 자들을 예지예정	244
9.2.2.8.	예정: 그리스도가 중보자로 예정됨뿐: 사람은 스스로 믿어서 구원됨	245
9.2.2.9.	자유의지의 결정으로 구원에서 탈락: 그리스도만 떨어지지 않음	246
9.2.2.10.	탈락자: 돌이킬 수 없음	246
9.2.2.11.	자기 죄로 정죄받은 사람: 영생 수여 안 하심; 믿음과 은혜에서 떨어짐	247
9.2.2.12.	구원에 있어서 자유의지가 마지막 말을 함	248
9.2.3.	웨슬리의 견해	248
9.2.3.1.	자유의지로 구원 선택하는 자 구원받음: 은혜를 저항하여 탈락 가능	249
9.2.3.2.	하나님과 동사해야 은혜를 입음: 아니면 구원 상실	250
9.2.3.3.	믿음을 잃고 회복 못함	250
9.2.3.4.	완전성화로 칭의 됨: 칭의는 획득사항	251
9.2.3.5.	믿음이 상실될 수 있음: 점진성화로 순간성화에 이름	251
9.2.3.6.	완전성화를 잃을 수 있음	252
9.2.4.	논평	252

성경 색인

구약 256
신약 256
라틴어와 다른 언어 용어 색인 260

제1장

서론

Iustificatio, Sanctificatio
Iustificatio, Sanctificatio
Iustificatio, Sanctificatio

제1절 정의

구원론: 백성 회복의 과정을 다루는 신학

구원론은 반역한 백성을 그리스도의 피로 다시 하나님의 백성으로 돌이키는 과정을 다루는 신학이다.

1.1.1. 예수 믿는 믿음고백에 근거해서 의롭다 함

하나님은 주 예수 그리스도를 믿는다는 믿음고백과 그에 근거해서 의롭다고 선언하심으로 믿는 사람들을 하나님의 백성으로 돌이키신다.

하나님의 백성이 되면, 타고난 죄악을 벗게 하시는 작업 곧 거룩하게 됨을 이루신다. 이 과정을 통하여 거룩한 백성으로 만들어 영생에 이르게 하신다.

구원론의 핵심주제는 의롭다 하심과 거룩하게 됨의 두 과정이다. 그러나 개인 구원의 과정 곧 구원서정에 모든 주의를 집중하게 되면 백성 회복의 근본 뜻을 바르게 표현하지 못하게 된다.

구원론은 구원서정이라고 하기보다는 그리스도의 피로 백성을 회복함의 과정이라고 해야 합당하다. 구원론의 핵심은 믿는 사람들을 의롭다 하여 거룩하게 하심으로 온전한 하나님의 백성으로 회복하는 데 있다.

제2절 창조경륜의 성취: 구원론의 근거

구원론의 근거는 하나님의 창조경륜이다. 그 핵심은 하나님이 어떤 경우에도 창조경륜을 이루시어 자기의 백성을 가지기로 하셨음을 제시하는 데 있다. 하나님이 그리스도의 피로 백성을 회복하셔서 창조경륜을 성취하심에 모든 주의를 집중해야 한다.

창조 때 하나님은 백성을 만드셔서 그들 가운데 거하기로 하셨다. 이 목적을 위하여 하나님은 사람을 자기의 형상으로 지으시고 언약을 체결하셔서 자기의 백성으로 삼으셨다.

그런데 언약백성이 하나님을 잘 섬기다가 유혹자의 유혹을 받아 선악판단을 스스로 하는 자주자가 되기로 하였다. 첫 사람들은 창조주를 섬기는 것을 거부하는 반역을 일으켰으므로 저주와 죽음을 선언 받았다.

그러나 창조주 하나님은 반역한 백성을 돌이켜서 다시 자기의 백성으로 삼기로 하셨다. 곧 하나님의 아들이 피 흘려 죗값을 지불함으로 인류의 죄과를 무효화하여 하나님의 백성으로 회복하기로 하셨다.

1.2.1. 그리스도의 구속사역

하나님의 아들이 성육신하여 사람의 자리에 오사 피 흘리심으로 죗값을 지불하셨다. 이 피를 반역한 백성들에게 적용하여 그들을 다시 하나님에게로 돌리는 일을 시작하셨다. 성령이 그리스도의 흘리신 피를 백성들에게 적용하여 하나님의 백성으로 삼으신다.

주 예수 그리스도가 십자가에서 피 흘리심으로 구원을 완성하셨다. 곧 주 예수께서 죄용서와 의, 부활의 보장과 영생, 하나님의 아들 됨과 하나님의 상속자 됨 등을 성취하셨다.

1.2.2. 구원의 적용

성령은 주 예수의 구원을 개인들에게 적용하신다. 먼저 성령은 사람들로 주 예수를 믿도록 권고하신다. 그리고 그들에게 믿음을 주셔서 주 예수를 구주로 믿고 회개하게 하신다. 또 믿는 자들을 끝까지 믿음에 머물도록 하시고 감화하시어 옛사람의 법을 버리고 새 사람으로 살게 하신다. 죄를 버리게 하고 깨끗하게 하시어 하나님의 거룩한 백성 곧 하나님을 섬기는 자들로 만드신다. 이것이 거룩하게 됨 곧 성화이다.

따라서 구원적용의 과정에서 거룩하게 됨이 가장 큰 성령의 사역이다. 성화작업으로 사람들이 온전한 하나님의 백성이 되어 하나님의 창조경륜을 이루기 때문이다. 하나님의 창조경륜이 성화로 이루어진다. 성화작업이 하나님을 섬기며 찬양하는 백성으로 만들기 때문이다.

구원론은 통상 부르심, 거듭남, 믿음, 뉘우치고 돌이킴, 의롭다 함, 거룩하게 하는 과정을 다룬다. 구원론의 목표는 하나님을 모시고 살 수 있는 백성을 생산하는 것이다.

이 면에 있어서 구원론은 성화론(聖化論)이다.

제3절 구원서정의 요점들

구원서정의 목표는 창조경륜의 성취이다.

1.3.1. 부르심: 전도 곧 복음선포

부르심은 이름을 불러 사람들을 나아오게 하는 것을 뜻하지 않는다. 부르심은 주 예수를 믿어 죄용서 받고 영생을 얻으라는 복음선포를 말한다. 사람들에게 주 예수를 믿어 죄용서 받고 영생을 얻으라는 권고이다. 곧 복음선포가 부르심이다.

부르심을 외적 부르심, 내적 부르심으로 구분하는 것은 사변적인 논의이다. 효력 있는 부르심 (vocatio efficax)은 인정하지만 내적 부르심을 따로 설정하면 거듭남의 자리가 없어진다.

복음선포는 모든 사람에게 다 타당하므로 보편적인 부르심이다.

1.3.2. 거듭남

거듭남은 복음의 내용으로 지성을 조명하고 의지를 변화시키는 성령의 역사를 말한다. 거듭남은 성령이 사람들 마음에 있는 적개심과 반감을 내려놓게 할 뿐만 아니라, 복음의 진리로 사람들의 마음을 조명하여 새사람으로 태어나게 하는 것이다. 전통적 신학에서 거듭남을 무의식 가운데서 성령의 주권적 역사로 순간에 일어난 변화라고 하는 정의는 부당하다.

1.3.3. 믿음고백

믿음은 믿음고백으로 성립한다. 따라서 믿음고백이 바로 믿음이다. 성령이 복음을 들은 사람들을 거듭나게 하시면 믿음고백이 바로 나온다.

믿음을 지식과 찬동으로 구성하면 그것은 잠재신앙일 뿐이다. 믿음을 지식과 찬동과 신뢰로 정의하는 것은 중세 스콜라 신학의 제시를 반복하는 것이다. 믿음의 요소에 찬동을 넣는 것은 토마스의 정의 곧 믿음은 진리에 대한 지적 찬동이라고 한 것을 그대로 받아들인 것이다. 찬동 다음에 신뢰를 두는 것도 로마교회의 견신교리를 종교개혁식으로 변형한 것일 뿐이다.

또 전통적인 개혁신학이 가르치듯 신뢰 (信賴, fiducia)를 믿음의 요소로 설정할 것이 아니다. 믿음의 삶은 계속적인 믿음고백으로 성립한다. 계속적인 믿음고백만이 바른 믿음의 길이다.

믿음의 요소는 믿음의 대상지식 곧 복음선포에서 얻은 지식과 믿음고백과 계속적인 믿음고백으로 바꾸어야 한다.

믿음이 하나님의 선물이어도 그 믿음은 내 것이므로 성령은 나로 하여금 믿음고백하게 하신다.

1.3.4. 믿음고백과 함께 회개 (悔改)가 일어남

믿음고백과 함께 회개가 일어난다. 회개는 주 예수를 믿어 자기가 죄인임을 알고 용서를 구하고 죄에서 돌이킴을 뜻한다. 회개도 성령이 시키시는 일이다.

회개 다음에 회심을 두는 것은 전혀 부당하다. 회심은 회개이고 그 다음에 오는 별도의 단계가 아니다. 다른 종교를 가지다가 그리스도를 믿는 믿음으로 돌아오는 것도 회개하고 믿는 것이지, 개종이거나 회심이라고 말할 수 없다. 창조주 하나님을 떠나 방황하다가 부름 받아 하나님께로 돌이켰기 때문이다.

1.3.5. 의롭다 하심

의롭다 하심은 예수 믿음에 근거해서 죄를 용서하여 무죄하다고 선언하심이다.

믿음고백에 죄용서와 의롭다 하는 선언이 온다. 칭의는 단지 주 예수를 믿는다는 믿음고백에 대한 하나님의 무죄 선언이다. 따라서 법정적 선언이지 도덕적 칭의일 수 없다.

도덕적 칭의는 사람이 자신을 죄 없게 만들어 의롭다 함을 받는 것이다. 도덕적 칭의가 무엇인지는 그 대변자들의 가르침을 제시함으로 밝혔다. 이 가르침에 따르면 도덕적 칭의는 성화를 통하여 죄가 없어지므로 칭의를 받는 것이다.

도덕적 칭의론자들에 의하면 성화작업은 앞서 오는 은혜 곧 일반은혜와의 협동으로 이루어진다. 그것은 구원은혜가 아니고 모든 사람들이 다 받은 일반은혜이다. 이렇게 일반은혜와 협동하여 선행으로 의롭다 함을 받으면 그리스도의 구속이 필요 없게 된다.

1.3.6. 거룩하게 됨

성화작업은 칭의 후에 오는 죄의 욕망을 죽이는 작업을 말한다. 의롭다 하심을 얻은 자들은 거룩하게 되는 작업을 시작한다. 말씀의 선포로 성화의 당위성을 깨우침 받아 죄짓고 사는 삶이 그릇되었음을 알고 고치는 일을 한다. 개인적으로는 그리스도의 구속사역을 표현한 말씀들을 자신에게 적용하므로 죄의 욕망을 죽이는 일을 한다.

성화작업은 내 힘으로 하는 것이 결코 아니다. 은혜의 도움을 받아 내 힘으로 선행을 하여 성화를 이루는 것이 결코 아니다. 그 방식으로는 결코 육의 욕망을 이길 수 없다.

성화작업은 오직 복음선포를 받아서 진행한다. 복음선포가 사람들로 하여금 죄의 욕망을 버리고 거룩하게 살게 한다.

또 구속을 표현하는 말씀을 자신에게 적용하여 옛사람의 욕망을 이긴다. 이것만이 성경이 말하는 성화작업이다. 가령 죄의 욕망이 일 때 주 예수의 피가 나를 모든 죄에서 깨끗하게 한다고 선언하므로 육의 욕망을 이긴다. 이때만 성화가 성경대로 이루어진다. 성화는 전적으로 은혜의 역사이다.

또 기도로 성령이 육의 욕망을 죽여주시기를 구해야 한다. 성화작업은 성령의 역사로 이루어지기 때문이다. 성화작업은 결코 믿는 자가 스스로 할 수 없다. 죄의 욕망이 강하여 육의 욕망을 버리려고 하지 않는 것이 그리스도인의 실상이다.

성화작업은 복음선포를 받음으로 시작하고 진행한다. 또 구속의 말씀을 적용하여 죄의 욕망을 죽임으로 성취된다.

성경적인 성화법을 교회가 알았더라면 수도원생활과 고행을 하지 않아도 되었을 것이다. 성경적 성화법을 따른다면 개혁교회와 알미니안 계열의 교회가 하나가 될 수 있다.

1.3.7. 완전성화의 문제

완전성화론자들은 현세에서 선행과 고행으로 완전함에 도달한다고 주장한다.

그러나 거룩하게 됨의 작업이 끝나는 것은 죽음에서이다. 완전성화도 죽음에서 성취되는 것이 아니다. 그 일은 부활에서 성취된다. 완전성화의 주장이 종교개혁교회에도 널리 퍼져 있다. 특히 펠라기우스와 알미니우스의 신학을 따르는 신학계열에서 그러하다. 완전성화가 어떤 것인지를 그 대변자들의 주장으로 제시하였다.

1.3.8. 성화작업이 끝남

죽음에서 성화작업이 종결된다. 따라서 성화작업 과정만 다루었고 영화 부분은 다루지 않았다.

제4절 알미니안-웨슬리안 구원서정

복음주의 신학에서는 구원서정에 자유의지가 필수적으로 전제된다.

1.4.1. 회개하고 회개에 합당한 행위를 함

알미니안-웨슬리안 구원서정에서는 믿기 전에 회개하고 회개에 합당한 행위들을 해야 한다. 믿음으로 선행(善行)을 하는 것이 아니라 먼저 회개에 합당한 행위들을 해야 믿음에 이르게 된다.

사람은 자유의지를 가졌으므로 믿기 전에 합당한 열매를 맺을 수 있다는 것이다. 선행(先行)하는 은혜를 활용하여 그렇게 한다고 말한다.

알미니안교회 곧 복음주의교회에서는 처음 복음을 선포할 때 회개하고 주 예수를 믿으라고 전파한다. 회개하여 회개의 열매를 맺으므로 믿게 되는 것이 아니지만 회개하고 주 예수를 믿으라고 선포하기 때문에 성령이 역사하셔서 주 예수를 믿게 하신다. 그래서 주 예수를 믿음으로 간증이 있는 믿음고백을 하게 되었다.

개혁신학에서는 성령의 주권적인 역사에 모든 것을 의지하는 자세를 취했으므로 회개하고 주 예수를 믿으라는 선포가 별로 없었다. 복음선포가 앞서지 못하므로 전도로 소기의 목적은 잘 이룰 수가 없었던 것으로 보인다.

신약의 가르침에 의하면 성령이 믿게 하시므로 믿음고백이 일어난다. 이 믿음고백에 회개도 함께 일어난다. 그러나 반드시 복음선포가 앞서야 한다.

1.4.2. 믿기로 작정함

알미니안 신학에 의하면 앞서 오는 은혜의 도움을 받아 믿기로 작정한다. 사람은 자유의지가 있으므로 앞서 오는 은혜의 도움을 받아 믿기로 작정하고 믿을 수 있다.

알미니안 신학의 가르침대로 믿기로 작정함으로 믿음에 이르는 것이 아니다. 주 예수를 믿으라는 선포에 성령이 역사하셔서 믿음을 일으키신다. 알미니안 신학에서는 사람이 스스로 믿기로 작정하여 믿게 되는 것으로 여기고 있다.

1.4.3. 믿음 후에 중생이 일어남

알미니안 신학에 의하면 사람이 믿기로 작정하고 믿으면 성령이 그를 중생시키신다. 내 의지로 믿기로 작정하고 믿으면 성령이 그 사람을 중생시킨다는 것이다. 믿음 후에 중생이 일어난다는 것이다.

그러나 믿음은 성령이 일으키시는 것이므로 거듭나게 하셔서 믿음고백을 하게 하는 것으로 이해해야 합당하다.

1.4.4. 중생과 함께 성화작업이 일어남

알미니안 신학에 의하면 사람이 믿기로 작정하면 성령이 그를 중생시키신다. 또 중생에서 성화가 시작한다. 의롭다 함을 받기 전에 성화작업이 시작하고 성화작업으로 칭의를 받는다. 성화작업의 완성으로 의롭다 함을 받는다는 것이다.

그러나 성경의 가르침에 의하면 의롭다 함을 받으므로 죄와 싸우는 작업 즉 성화작업이 일어난다. 성화작업을 완성하여 의롭다 함을 받는 것이 결코 아니다. 왜냐하면 죄인은 결코 죄와 싸울 수 없기 때문이다.

1.4.5. 완전성화로 칭의를 받음

완전성화론에 의하면 믿음고백으로 의롭다 함을 받는 것이 아니다. 선행과 고행 등으로 죄를 없이해서 완전성화가 이루어지면 그 성화에 근거하여 칭의를 받는다. 이 주장에 의하면 성화작업이란 은혜의 도움을 입어 사람이 노력하여 완전성화를 이룰 수 있다는 것을 말한다. 믿음과 그리스도의 구속사역도 칭의의 한 조건일 뿐 근거가 되지 못한다.

1.4.6. 완전성화도 상실할 수 있음

웨슬리에 의하면 완전성화는 자유의지로 선행하는 은혜와 협동하여 현세에서 이루어낸다. 그러나 완전성화도 상실될 수 있다고 주장한다.

완전성화의 상실은 그리스도의 구속을 사람의 결정으로 땅에 떨어지게 하는 것이고 하나님의 은혜의 주권성을 허는 것이다. 구원이 우리의 쟁취사항이면 하나님은 우리의 구원결정에 방관자로 서 계시는 것이 된다. 알미니안 신학의 강조대로 하나님으로 하나님 되게 하는 길은 은혜의 주권성을 인정하는 것이다.

제 2 장

반역을 무효화하여
창조경륜을 성취

제1절 창조경륜: 구원론의 발생적 근거

하나님은 창조 시에 창조경륜(consilium creationis)을 가지셨다. 그 경륜은 하나님이 자기의 백성을 가지시고 그 백성 가운데 거하시며 찬양과 경배를 받으시는 것이다.

이 경륜을 이루기 위해서 창조주 하나님은 사람을 하나님의 형상 대로 곧 인격체로 남자와 여자로 지으셨다. 이 진리를 하나님의 형상을 따라 모양대로 지으셨다고 표현하였다 (창 1:26-27).

그리고 아담과 언약을 맺어 창조주만을 하나님으로 섬기는 백성으로 삼으셨다 (창 2:15-17). 창조주는 아담과 언약을 체결하시므로 자기의 백성을 합법적으로 가지셨다.

첫 인류는 하나님의 언약백성이 되었으므로 창조주는 그의 백성 가운데 거하시며 찬양과 경배를 받으셨다 (창 2:2-3). 또 언약백성은 창조세계를 탐구하여 창조주의 지혜와 권능을 알아 하나님을 찬양하고 경배하였다 (창 2:19-20).

창조주 하나님은 아담과 언약을 체결하시고 언약백성이 의존해서 살 계명으로 선악과계명을 주셨다. 선악과계명은 하나님의 명령대로 창조주만을 하나님으로 섬기는 것을 말한다. 곧 창조주를 하나님으로 섬기면 그것이 선이어서 생명에 이른다. 반대로 하나님 섬기기를 거부하면 그것이 악이어서 죽음에 이르게 정해진 것을 말한다. 선과 악은 전적으로 하나님 섬김 여부로 결정된다.

2.1.1. 반역이 일어남

아담과 하와는 언약백성으로 살다가 유혹자의 부추김을 따라 선악결정을 스스로 하기로 하였다. 자주자가 되어 스스로 선악을 결정하기로 하여 창조주의 언약계명대로 하나님을 섬기지 않기로 하였다.

아담은 본래의 직임을 버리고 선악결정을 스스로 하여 자주자가 되기로 하였다. 곧 창조주를 하나님으로 섬기는 것을 거부하였다. 아담은 스스로 선악의 법을 정하기로 하였다. 곧 창조주를 섬기지 않아도 그것이 선이고 악이 아니라고 정하였다 (창 3:1-7). 아담은 반역을 감행하였다.

선악결정을 스스로 하여 하나님의 결정을 따르지 않기로 한 것은 하나님의 권위와 엄위를 완전히 무시하는 일이었다. 하나님의 인격의 엄위를 짓밟은 것이었다. 즉 창조주를 하나님으로 인정하기를 거부한 것이다.

첫 인류는 하나님께 감사하고 찬양하고 경배하는 것을 거부하였다. 언약백성의 본업은 창조주 하나님을 섬기는 것인데 더 이상 하나님으로 섬기지 않기로 한 것이다.

첫 인류는 언약백성으로 사는 것이 자유와 자주성을 잃어버리는 것으로 판단하였다. 아담은 자기의 자유와 자유의지를 활용하여 자기 스스로 선악을 결정하기로 하였다.

사람이 선악결정을 스스로 한다는 것은 이미 하나님의 자리에 오름을 뜻한다. 창조주가 하던 선악결정을 인간이 자기의 뜻대로 선악결정을 하기로 하는 것이기 때문이다.

창조주가 정하신 것이 선인데 피조물이 선악을 정하기로 하였으므로 사람의 선악결정은 바로 악이다. 인간 자신의 판단이 기준이 되었으므로 그것은 바로 악이다. 곧 반역행위이다. 하나님의 선한 창조에 반역이 일어났다.

창조주는 큰 호의로 아담을 지으시고 그에게 창조세계의 다스림을 맡기셨다. 그러나 아담은 스스로 하나님의 자리에 서기로 한 것이다. 이런 반역은 하나님의 창조세계에서는 용납할 수 없는 일이었다.

범죄 후 하나님은 그 백성을 심판하셨다. 하나님은 백성에게 베푸신 많은 은사들을 거두시고 죽음을 선언하셨다. 반역에 대한 값은 죽음이므로 죽음으로 정죄되는 것은 당연하였다 (롬 6:23).

그런데도 창조주 하나님은 반역한 백성을 쓸어버리고 새로운 백성을 짓는 것을 기뻐하지 않으셨다. 오히려 범죄하고 반역한 백성을 돌이켜 자기의 백성으로 삼으시므로 처음 경륜을 이루기로 하셨다.

제2절 구원경륜

반역한 백성을 돌이키는 일은 쉬운 일이 아니었다. 그것은 처음 반역을 무효화하고 죄과를 제거해야 했기 때문이다. 하나님은 오랜 준비를 통하여 죄과를 제거하고 반역을 무효화하므로 반역한 백성을 다시 자기의 백성으로 돌이키기로 하셨다.

반역한 백성은 죽어야 할 뿐만 아니라 완전히 소제되어야 마땅하다. 그러나 반역한 백성을 향한 하나님의 사랑이 너무도 컸다. 하나님은 반역한 백성을 창조경륜대로 자기의 백성으로 다시 세우기로 하셨다.

하나님은 인류의 반역과 죄과를 무효화하심으로 창조경륜을 이루기로 하셨다. 하나님 자신이 인류의 죄과를 대신 지고 형벌을 담당함으로 죗값을 치러 반역자들을 다시 자기의 백성으로 돌이키기로 하셨다.

백성을 구원하기 위해 하나님이 사람이 되시고 신인(神人)의 위격에서 인류의 죄과를 담당하여 죗값을 치름으로 반역을 무효화하기로 하셨다.

이 일을 위해 하나님이 사람이 되시어 예수 그리스도가 되셨다. 사람이 되신 하나님은 인류의 죄과를 지고 그 죗값대로 피 흘려 죽으심으로 죄과를 제거하여 반역을 무효화하셨다. 예수 그리스도의 구원사역이 바로 죗값을 치러 반역을 무효화함으로 백성을 돌이키는 사역이었다.

구원의 적용은 성령이 하신다. 성령은 그리스도의 구원을 사람들에게 적용하므로 구원을 완성하신다.

2.2.1. 구원적용으로 백성을 회복

하나님은 예수 그리스도의 이름으로 사람들을 불러 그의 피로 깨끗하게 하신다. 이것이 거듭남이다. 그리고 그들로 하여금 믿음을 고백하고 회개하게 하신다. 믿는 사람들을 의롭다 하시고 깨끗하게 만드신다. 죄 가운데 태어나서 죄로 살아온 사람들을 성령이 그리스도의 피로 깨끗하게 하여 하나님의 백성으로 합당하게 만드는 과정이 성화작업 (sanctificatio)이다.

죄 가운데 태어나서 죄로 사는 사람의 방식을 옛사람이라고 한다. 옛사람의 틀을 벗고 새사람이 되게 하여 거룩한 하나님의 백성으로 자라게 하는 것이 거룩하게 됨 혹은 성화작업이다.

예수 그리스도의 구원을 사람들에게 적용하여 깨끗한 하나님의 백성으로 만드는 모든 과정을 통상 구원서정 (ordo salutis)이라고 부른다.

전통적으로 구원론이 구원서정을 중점적으로 다루어왔지만, 구원서정만을 다루는 것은 합당한 신학적 논의가 아니다.

구원론의 요점은 사람들을 의롭다 하시고 거룩하게 하셔서 하나님의 백성으로 완전하게 회복하는 것이다.

제3장

구원론의 근거:
그리스도의 구원사역

(Opus Redemptivum Christi)

Iustificatio, Sanctificatio

창조주 하나님은 처음 인류의 반역에 참담함을 겪으셨다. 그러나 반역한 인류를 멸절하는 것을 원하지 않으셨다. 큰 범죄에도 불구하고 그들을 멸절하는 것이 아니라 보존하기로 작정하셨다.

범죄한 인류를 보존하신 것은 그리스도의 피로 돌이켜 자기의 백성 삼기 위해서였다. 그것은 하나님이 범죄한 인류를 향하여 큰 사랑을 나타내기로 하심을 말한다. 도저히 용납할 수 없는 반역죄를 지은 인류에게 하나님은 더 큰 사랑을 나타내기로 하셨다.

그 큰 사랑은 하나님이 육신이 되시는 데서 (incarnatio Dei) 나타났다. 하나님이 사람이 되시고 인류의 죄과 (culpa)를 지시되 작정대로 십자가에서 죗값대로 죽음을 맛보심으로 인류의 죄과를 씻어서 반역 (rebellio)을 무효화하셨다.

성육신하신 하나님 (Deus incarnatus)이 피 흘리심으로 인류의 반역을 무효화하고 (abrogare) 죄과를 제거하셔서 죄용서를 이루셨다. 그의 흘린 피로 죗값을 치름이 의 (justitia)여서 죄인 (peccator)을 의인 (justus)으로 만든다. 반역한 인류를 위하여 영생 (vita aeternalis)을 획득하심은 육신이 되신 하나님이 전적으로 자기의 피로 죄과를 제거함으로 이루어내셨다.

다시 살린 인류를 영원히 살 수 있도록 하기 위해서 부활시키기로 보증(pignus, obsignatio)하셨다. 부활하여 영생하게 되면 하나님의 완전한 자녀가 되어 하나님의 영광에 이르고 하나님의 나라를 상속받게 된다. 그리하여 하나님의 창조를 상속받는다.

주 예수가 이룩한 구원이 백성들에게 적용되어(applicatio salutis) 그들이 하나님의 백성으로 돌아가게 된다. 그리하여 사람들이 구원 얻으며 영생하게 된다.

그리스도는 자기의 구원을 성령의 역사로 사람들에게 적용하신다. 복음선포로 구원적용을 시작하신다.

제4장

부르심 (召命, Vocatio Dei, Vocare)과 거듭남 (重生, Regeneratio, Palingenesis): 구원적용 (Applicatio Salutis)의 시작

복음선포를 받은 사람들에게 성령이 역사하셔서 거듭나게 하시고 믿음에 이르게 하신다. 복음선포 혹은 전도는 주 예수의 구원을 적용하는 시작점이다. 그러므로 부르심 곧 복음선포와 거듭남을 함께 다루어야 한다.

제1절 복음선포=부르심

4.1.1. 복음선포 (praedicatio evangelii, 전도)가 부르심 (vocatio Dei)

주 예수 그리스도는 피 흘리심으로 죄용서와 의와 영생 곧 구원을 이루셨다. 그는 자기의 구원으로 사람들을 불러서 다시 자기의 백성으로 회복하신다.

부르심은 범죄한 백성들로 주 예수를 믿어 죄용서와 의와 영생을 얻으라고 권면하는 것을 말한다. 이 부르심으로 사람들이 죄용서와 영생을 얻어 하나님의 백성이 된다. 소명은 하나님의 행하심이다 (Vocatio est actio Dei). 따라서 소명은 복음선포로 바꾸어야 한다.

복음선포 없는 부르심은 성립하지 않는다. 복음선포로 하나님이 사람들을 자기에게로 불러 모으시므로 복음선포가 부르심이고, 그냥 사람들로 오라고 하는 식의 부르심은 성립하지 않는다.

하나님은 처음 범죄한 아담을 부르셨다 (창 3:9). 그 부르심은 아담과 그의 후손을 다시 하나님의 백성으로 돌이키는 일을 할 것이라고 약속하신 것을 뜻한다 (창 3:15-19).

때가 차매 하나님의 아들이 세상을 구원할 구속사역을 이루셨다 (갈 4:4-5). 그리고 그의 복음으로 아담의 후손들을 다시 자기의 백성으로 돌아오도록 부르셨고 또 부르신다 (마 11:28-29). 이 부르심은 복음전도로 이루어지므로 복음선포라고 해야 한다.

4.1.2. 보편적인 부르심 (vocatio universalis)

부르심 곧 복음선포는 아담의 후손인 전 인류를 향하여 하나님의 아들의 이름 (nomen Filii)과 그의 복음 (evangelium)으로 하나님의 백성으로 돌아오라고 부르시는 것이다. 이 부르심은 일부 종족이나 개인들에게 한정된 것이 아니고 모든 사람들이 다 듣도록 부르신 것이다.

먼저 사도들을 세우시고 그 후에 전도자들을 세우시고 선교사들을 모든 나라로 보내어 예수 그리스도의 복음을 받아들여 하나님의 백성으로 돌아오라고 부르신다.

복음으로 부르는 부르심 (vocatio verbalis)은 보편적이고 우주적이다. 땅 위에 사는 모든 사람들이 다 복음선포를 들어야 한다. 그러므로 이 부르심은 모든 사람들이 다 들어야 하는 부름 곧 보편적인 부름 (vocatio universalis)이다.

예수 그리스도의 복음으로 부르는 부름은 모든 인류에게 다 타당하다. 즉 모든 사람들에게 전파해야 할 것임을 말한다. 아담의 후손은 죄인들 (peccatores)이므로 그들은 다 그리스도의 복음을 들어야 하고, 들으면 하나님의 백성으로 돌아갈 반응을 해야 한다.

4.1.3. 복음전파에 대한 자연적 반응 (reactio naturalis)

사람들은 예수 그리스도의 이름과 복음으로 부르시는 부름을 들을 때 기뻐서 복음을 받는 것이 아니다. 사람들은 주 예수를 믿으라는 권고를 받았을 때, 죄성의 역사 때문에 부름을 반대하는 반응을 드러낸다.

복음선포를 들은 자들은 언약을 파기한 자의 후손들로서 언약 파기에 대한 죄책의식 (sensus culpae) 때문에 부름을 거부한다. 부름을 배척할 뿐만 아니라 적대감정 (inimicitia)을 드러낸다. 죄책의식 (sensus peccati)이 사람들의 의식의 가장 깊은 곳에 자리하고 있어서 그렇게 반응한다.

사람들이 예수 그리스도의 복음을 들으면 그 복음이 하나님의 복음인 줄을 즉시 알아챈다. 그래서 나오는 반응이 복음을 거부하고 배척하고 부정한다. 복음의 초청을 받아들이려고 하지 않는다.

이런 배척감정이 커지면 복음에 대한 박해로 이어진다. 죄성이 사람들의 마음에 역사하여 복음에 대해 적개심을 일으키게 한다. 그리하여 복음을 배척하고 거부하는 수준에서 나아가 복음을 박멸하려고 한다. 이것이 핍박 (persecutio)이다.

복음을 전하는 자를 미워하고 배척할 뿐만 아니라 복음을 받아들인 사람들도 미워하고 배척한다. 이렇게 복음에 대한 죄성의 반응이 크다.

4.1.4. 효력 있는 부름 (vocatio efficax)

복음선포가 효력을 내려면 성령이 역사하셔야 한다. 성령이 역사하시는 자리는 복음이 선포되는 곳이다. 곧 주 예수를 믿어 죄용서 받고 하나님의 백성이 되라고 권고하거나 선포할 때 성령이 역사하신다. 성령은 복음의 내용이 선포될 때 역사하신다.

죄인들이 복음을 받아들이게 되는 것은 성령 (聖靈, Spiritus Sanctus)이 역사하기 때문이다. 효력 있는 부름은 복음선포로 사람들로 주 예수를 믿어 죄용서 받으라는 초청을 받아들이게 하는 것이다. 복음의 초청을 받아들이는 일은 복음선포에 역사하시는 성령의 작업 (efficacia Spiritus)으로 이루어진다.

효력 있는 부름은 하나님의 택자들에게 해당하고 믿기로 정해진 사람들에게 타당하다. 그러나 택자들이라도 복음이 선포되었다고 그 자리에서 다 받아들이는 것은 아니다.

전통적으로 효력 있는 부름을 내적 소명 (vocatio interna)이라고 분류하여 외적 소명 (vocatio externa)과 구분해 왔다. 이런 구분은 불필요하다. 내적 소명은 바로 거듭남 (regeneratio, palingenesis)과 연결되고, 오히려 거듭남이라고 불러야 마땅하다. 복음을 받아들였다는 것은 성령의 역사로 일어나는 거듭남이기 때문이다.

또 보편적인 부름 (vocatio universalis)과 특수한 부름 (vocatio specialis)으로 나누는 것도 바른 신학적 논의가 아니다. 특수한 부름은 선택된 자들에게 전달되어 복음을 받아들임을 말한다. 그리하여 초자연적 혹은 복음적 부름 (vocatio supernaturalis, evangelica)이라고 하여 보편적인 부름과 구분한다.

　복음을 받아들여 부르심에 응하는 것은 거듭남이므로 중생과 구분하여 특별한 내적 부름이라고 이름할 수 없다. 복음을 받아들이게 하는 내적 부름 (vocatio interna)은 성령의 중생시키는 사역인 거듭남과 일치한다. 성령의 중생사역이 없으면 부름에 응할 수가 없다. 내적 부름은 거듭나게 함이라고 해야 한다. 따라서 내적 부름을 새로운 항목으로 설정할 필요가 전혀 없다.

　복음선포는 모든 사람들을 향하여 이루어진다. 단지 택자들을 대상으로 선포하는 것이 아니다. 그러므로 택자들에게만 이르는 다른 부름이 있는 것으로 여기도록 하는 것은 정당하지 못하다. 모든 사람들에게 전해진 복음선포 곧 부름에 성령이 역사하시므로 사람들이 복음을 받아들여 하나님의 백성이 된다.

4.1.5. 효력을 내는 부름의 요건

　예수 믿게 하는 권고가 성공하려면 풍성한 복음의 내용을 선포해야 한다. 성령이 역사하시는 자리는 복음이 선포되는 곳이다. 즉 예수 믿고 구원을 얻어 하나님의 백성이 되라고 권고하거나 선포할 때, 복음의 온전한 내용이 선포되어야만 성령이 역사하신다.

　전도가 효력을 내려면 성령이 역사하셔야 한다. 성령은 전도자로 오셨다. 성령이 오신 목적은 복음을 선포하여 사람들을 하나님의 백성으로 돌이키는 것이다. 성령이 역사하시는 길은 오직 예수 그리스도의 인격과 그의 구원사역을 선포할 때이다.

성령은 전도자이시지만 자기 스스로 역사하시는 것이 아니고 복음선포와 함께 역사하신다. 그냥 예수 믿으라고 하는 단순한 권고는 성령이 일하시기에 확실한 근거를 마련하지 못한다. 성령은 전도자로서 예수 그리스도의 인격과 그의 구원사역을 전파하고 증거하기 위해서 오셨다. 그러므로 성령이 역사하는 곳은 예수 그리스도의 인격과 그의 구원사역이 분명히 전파되는 자리이다. 그러려면 복음의 내용 곧 예수 그리스도의 인격과 그의 십자가에서 피 흘리심으로 죄를 속량하셨음을 말해야 한다.

또 그리스도의 인격을 제시해야 한다. 그가 본래 하나님이신데 사람이 되사 우리의 죄를 속량하셨음을 말하는 것이다. 그냥 예수 믿으라고만 하는 권고는 성령이 일하실 확실하고 충분한 지반을 제공하지 못한다.

따라서 예수 그리스도가 하나님의 성육신이심과 우리를 죄와 죽음에서 구원하여 영생에 이르도록 하기 위해서 십자가에서 피 흘려 죽고 부활하셨음을 말해야 한다.

이렇게 확실하고 분명한 복음의 내용을 제시할 때 성령이 역사하신다. 이 선포에 성령이 역사하시므로 (efficacitas Spiritus Sancti) 예수 믿어서 구원 얻으라는 권고가 확실한 열매를 맺는다. 이것이 효력 있는 부름이다.

효력 있는 부름이 되는 길은 예수 그리스도의 인격과 그의 구원사역을 말하는 것이다.

그러나 복음의 내용을 온전히 전하려면 창조경륜부터 시작해야 한다. 창조경륜을 이루시기 위해 하나님은 사람을 자기의 형상으로 만드시고 언약을 체결하셔서 창조주만을 하나님으로 섬기도록 하셨다. 그런데 반역이 생겼고 그로써 죽음과 저주가 왔다.

하나님은 반역을 무효화는 새로운 조치를 하셨다. 반역한 백성을 돌이켜 자기의 백성으로 삼기로 하셨다. 이 목적으로 하나님이 사람이 되셔서 피 흘리심으로 죗값을 지불하시고 죄를 용서하시어 자기의 백성으로 돌이키시는 일을 수행하셨다.

이 복음진리를 말해야 한다.

4.1.6. 전도 (부름)의 세 단계

우리는 전도의 요소로 주 예수의 인격과 그의 구원사역을 말하여 듣는 자들이 믿어서 죄용서 받고 영생을 얻도록 강하게 권면해야 한다고 제시하였다.

먼저 하나님이 세상을 사랑하사 아들을 보내셨음을 강조해야 한다. 그리하여 세상이 그 죗값대로 멸망하지 않도록 하기 위하여 하나님이 예수 그리스도, 자기의 아들로 세상을 구원하는 구원사역을 이루셨다는 진리를 강조해야 한다. 곧 하나님의 구원계획과 예수 그리스도의 구원사역을 말해야 한다.

복음을 선포할 때 세 가지를 함께 말해야 한다.

첫째는 하나님의 창조경륜을 말해야 한다.

둘째로 첫 인류의 반역이 죽음과 저주를 가져왔음을 말해야 한다. 인류의 반역죄는 죽음과 고통과 질병과 해악 등을 가져왔음을 말해야 한다.

셋째로는 하나님의 구원 작정과 사역을 말해야 한다.

창조주 하나님은 저주받아 죽게 된 인류를 다시 살리기로 작정하셨다.

하나님의 공의의 법에 따라 죄과가 범해진 본성에서 죄의 값이 지불되어야 한다. 범죄한 사람이 죗값을 지불해야 한다.

그러나 아담의 후손 중에는 아무도 죗값을 지불할 수 없었다. 그리하여 하나님은 인간이 범한 죄의 값을 대신 지불하기로 하셨다. 이 방식으로 창조주는 범죄자들을 구원하기로 하셨다.

하나님이 사람이 되셔서 피 흘리심으로 죗값을 지불하여 인류를 죽음과 죄에서 구원하여 영원한 생명을 주기로 하셨다.

구원 작정을 이루시기 위해서 하나님의 아들, 독생하신 하나님, 창조주 하나님이 사람이 되셨다. 그리고 십자가에서 인류의 죄과를 해결하기 위해서 피 흘리심으로 죗값을 지불하여 죄와 죽음을 멸하셨다. 그러므로 하나님의 아들과 그의 피 흘리심을 믿는 자들은 죄를 용서받아 죽지 않고 영생을 얻도록 하나님이 작정하셨다.

넷째로 하나님의 아들 주 예수 그리스도를 믿어야 죄를 용서받고 영생에 이른다고 전파해야 한다. 이 복음의 선포를 받아들여 믿으면 죄용서와 영생을 얻는다고 말해야 한다.

그러나 믿지 않으면 영원한 멸망뿐임을 강조해야 한다. 이렇게 하나님이 큰 사랑을 나타내셨는데도 믿지 않으면 영생을 얻지 못하고 영원한 멸망에 이른다고 강조해야 한다 (요 3:16-18).

4.1.7. 전도자를 세움

성령은 전도자로 오셨다. 성령은 예수 그리스도와 그의 구원사역을 증거하고 전파하기 위해서 세상에 오셨다. 성령의 오심의 목적은 오직 전도이다.

그러나 구원은 사람의 구원이므로 성령이 직접 전도하시지 않는다.

4.1.7.1. 사람의 구원이므로 전도자로 전도하게 하심

성령은 복음전파를 위해 전도자들을 세우신다 (행 13:1-3). 성령은 전도자들의 입을 빌려 복음을 전파하시기 때문이다.

성령은 전도자들을 능력과 복음으로 장비하신다. 전도자들은 예수 그리스도의 복음을 전해야 한다. 예수 그리스도의 복음을 전하면 성령이 역사하시므로 사람들이 주 예수를 믿고 받아들인다.

4.1.7.2. 복음의 핵심을 말해야 성령이 역사하심

전도자는 복음의 핵심내용을 전달해야 한다. 예수 그리스도가 하나님의 아들이신데 사람이 되시고 우리의 죄를 위하여 십자가에 죽고 피 흘리셨다고 전파해야 한다. 그리고 주 예수가 부활하심으로 우리의 구원을 온전하게 이루셨다고 말해야 한다. 이렇게 온전한 복음의 내용이 선포될 때 성령이 역사하여 사람들을 믿게 하신다.

설교자들은 평신도들에게도 복음의 내용을 잘 가르치고 준비시켜 복음을 널리 전파하게 해야 한다.

4.1.8. 복음의 전파와 함께 성령이 역사하심

복음이 사람들에게 전파되면 성령은 사람들로 회개하고 주 예수를 믿게 하신다. 이것이 사람을 중생시켜 믿게 하시는 성령의 역사이다.

성령은 복음의 선포가 온전하게 이루어지면 언제든지 역사하셔서 사람들로 주 예수를 믿게 하신다. 이것이 성령의 본래 소임이기 때문이다.

4.1.9. 말씀과 성령의 역사하심의 관계

종교개혁 때 말씀과 성령의 역사에 관련하여 토론이 있었다.

루터는 성령은 말씀으로 말미암아 (per verbum) 역사하신다고 단언하였다. 복음이 선포되면 성령은 언제나 일하신다는 것을 뜻하였다.

칼빈은 성령이 주권적으로 일하시므로 말씀과 함께 (cum verbo) 사역하신다고 설명하였다. 이것은 말씀이 선포될 때마다 성령이 역사하시는 것이 아니고 선택적으로 일하신다는 뜻이다.

칼빈은 말씀을 복음이 아니라 성경말씀 전체로 이해하여 성경의 말씀을 선포할 때마다 성령이 역사하시는 것이 아니라는 뜻으로 이해하였다.

성령은 전도자로 오셨으므로 복음을 선포하면 언제든지 역사하시는 것으로 이해하는 것이 성경적인 정답이다.

4.1.10. 복음선포와 그리스도와의 연합의 문제

칼빈은 말씀이 선포될 때 그리스도와의 연합이 이루어진다고 보았다. 그를 따라 보퀴누스 (Boquinus), 장키우스 (Zanchius), 올레비아누스 (Olevianus)와 빗치우스 (Witsius) 등도 같은 주장을 하였다. 말씀이 선포되면 믿음고백 이전에 그리스도와의 연합이 이루어진 것으로 본 것이다. 물론 우리가 부름 받은 목표점이 그리스도와의 연합이다 (Terminus ad quod vocemur est unio cum Christo).

그러나 연합은 믿음고백에서 이루어지는 것으로 보아야 한다. 믿음고백으로 의롭다 함과 연합이 이루어진다. 믿음고백 이전에 연합이 이루어진다고 하는 주장은 부당한 논의이다.

제2절 거듭남 (regeneratio)

복음선포를 받은 사람들에게 성령이 역사하셔서 복음을 받아들일 수 있는 새로운 존재로 만드신다. 이것이 거듭남이다.

성령은 복음선포에 역사하시므로 온전한 복음의 내용이 선포되면 그 선포로 듣는 사람들을 변화시키신다.

통상 거듭남은 복음선포와 무관하게 성령이 독자적으로 역사하시어 사람의 깊은 내면에 새로운 생명을 창조하시는 것으로 이해하였다. 이것이 전혀 아니다. 성령은 복음선포의 내용으로 사람을 변화시켜 새 사람을 만드신다. 거듭남은 복음선포 없이는 결코 일어나지 않는다.

4.2.1. 거듭남의 정의

4.2.1.1. 복음에 대한 반감을 내려놓게 하심

성령은 복음의 선포를 들은 자들에게 역사하신다. 먼저 성령은 사람들이 복음의 선포를 받아들일 수 있도록 죄성의 역사를 내려놓게 하신다. 성령은 복음을 들은 사람들로 믿게 하기 위해서 복음에 대한 반항과 반대와 적대심을 내려놓게 하신다. 죄성의 역사는 복음을 받아들이는 것을 막고 방해하기 때문이다.

사람들이 복음의 선포를 들으면 그것이 창조주 하나님 곧 언약주에게서 온 것임을 즉각 알아차린다. 때문에 복음에 대한 반항과 반감을 자연적으로 드러낸다. 따라서 성령이 역사하셔서 죄성의 역사를 내려놓게 하셔야 믿음이 일어난다.

4.2.1.2. 복음으로 지성을 깨우치심

온전한 복음이 선포되면 성령은 사람들로 복음의 내용대로 믿도록 역사하신다.

성령은 사람의 지성을 깨우치셔서 복음의 내용을 이해하게 하시고 믿게 하신다. 사람은 본성대로는 도저히 복음의 내용을 이해하고 받아들일 수 없기 때문이다.

성령이 죄성의 역사를 내려놓고 복음을 깨닫게 하는 것을 비침 곧 조명 (照明)이라고 한다. 그가 사람들에게 비침을 주셔야 복음을 이해하고 받아들일 수 있게 된다. 이 일은 성령이 새사람이 되게 하심으로 이루어진다.

옛사람으로는 도저히 복음의 내용을 받아들일 수 없기 때문에 새사람을 만들어 받아들이게 하신다. 곧 새 마음을 사람 안에 만드신다. 그리하여 복음의 선포를 들은 사람이 복음의 내용이 자기를 위해서 이루어졌다고 이해하고 믿게 된다.

성령은 사람 속에 믿음을 일으켜 주 예수의 피 흘리심을 믿으므로 죄용서와 영생을 받게 될 줄 깨닫게 하신다.

성령은 복음의 선포를 들은 사람으로 하여금 자기가 죄인임을 자각하고 복음의 내용을 믿을 마음을 갖게 하신다. 이것은 성령이 복음을 들은 자의 속에 새사람을 창조하시기 때문에 가능하다.

4.2.1.3. 의지를 설득하여 복음을 받아들이도록 하심

복음의 선포를 깨닫게 되면 사람은 죄인으로서의 자기의 신분이 어떠한지를 깨닫는다. 자기의 비참함을 깨달아 복음을 받아들이지 않으면 죽음과 멸망 외에는 다른 것이 없음을 알게 된다. 이때에 성령이 복음의 내용을 받아들이도록 역사하신다.

성령은 의지를 움직여서 복음을 받아들이게 하신다. 성령이 강제적으로 의지를 굽히는 것이 아니라 설득하신다 (persuasio). 성령은 인격적으로 사람을 대하시므로 의지를 설득하신다.

성령이 사람의 의지를 설득하는 것은 죽은 의지를 살려내어 바른 결정을 하도록 만드시는 것이다. 의지가 복음을 받아들이도록 결정하는 것은 죽은 자의 상태에서는 할 수 없기 때문이다.

4.2.1.4. 새사람이 살아남

이렇게 성령의 역사로 죄인의 속에 새사람이 살아난다. 이것이 복음선포의 직접적인 결과로 일어난 거듭남 (regeneratio) 혹은 새로남 (palingenesis)이다.

거듭남은 주 예수의 부활의 생명으로 다시 태어남을 말한다. 죄인이 주 예수의 부활의 생명으로 다시 태어나므로 새사람이 된다.

이렇게 새사람으로 태어나면 동시적으로 믿음고백을 한다. 새사람이 되므로 믿음고백과 동시에 자기가 죄인임을 인정하고 회개한다.

죄로 사는 것이 바른 삶의 법인 줄로 알던 때에는 결코 자신을 죄인으로 인정할 수 없었다. 자기는 죄인이 아니고 정당한 삶을 살아왔다고 생각하였다. 사람은 자기를 도저히 죄인이라고 인정할 수 없었는데, 주 예수의 새 생명이 들어가므로 자기를 죄인으로 인정한다.

죄인인 것을 인정하면 죄에 대한 형벌을 받아야 할 자임을 깨닫는다. 그러나 나를 멸망으로 작정하셨으면 이런 복음을 선포하지 않았을 것을 인지하고 복음의 내용을 믿기로 작정한다.

믿음고백과 함께 자기의 죄를 고백한다. 자기가 죄인으로 살았음을 고백하고 자기의 모든 죄를 주 예수의 피로 씻어주기를 하나님께 간구한다. 성령은 복음을 받은 죄인으로 하여금 그렇게 하도록 시키신다.

4.2.2. 거듭남의 역사자

성령은 거듭남을 이루어내신다. 더 정확하게 말하면 그리스도가 성령으로 죄인들을 새롭게 만드신다.

모든 사람들은 창조주 하나님을 배반하고 언약을 파기한 아담의 자손들이다. 그러므로 이 범죄사실이 모든 사람들의 의식에 깊이 박혀 있다. 따라서 창조주 하나님께로 돌아오라는 부름을 거부하게 되어 있다. 부름을 거부하려는 강한 마음만이 아니라 적개심과 배타심을 강하게 갖고 있다. 창조주 하나님께로 돌아가면 언약 파기의 책임과 반역한 죄과를 담당해야 하는 것을 모든 사람들이 의식하고 있기 때문이다.

성령은 복음의 초청을 받은 자들의 지성을 움직여서 복음이 자기를 위해서 이루어졌음을 이해하게 하신다. 사람은 복음의 내용을 자기의 지성의 힘으로는 스스로 이해하지 못한다. 성령이 사람의 지적 능력을 새롭게 하고 변화시킴으로 복음을 깨닫게 하신다. 그때 복음의 내용이 전적으로 자기를 위해서 일어났다고 깨닫는다.

성령은 영적으로 죽은 의지를 다시 살아나게 하고 변화시킴으로 복음을 받아들이도록 결정하게 하신다. 또 하나님을 향하여 완전히 죽은 사람의 의지를 살려내고 구주의 구원사역을 받아들이도록 새롭게 조성하신다.

성령은 감정을 깨끗하게 하여 죄를 죄로 알고 죄로 살았던 것을 뉘우치게 하신다. 또 지금처럼 살면 멸망 외에는 다른 길이 없음을 알고 주 예수의 구원만이 살 길임을 느끼고 바라게 하신다.

성령은 하나님과 주 예수 그리스도를 미워하고 싫어하던 것을 고쳐서 주 예수를 사랑하고 좋아하는 마음을 갖게 하신다. 또 주 예수의 새 생명으로 사람을 온전하게 새롭게 하므로, 죄를 뉘우치고 주 예수와 그의 구원을 믿고 받아들이게 하신다. 이렇게 그리스도의 부활의 새 생명으로 사람을 다시 나게 하셔서 믿을 수밖에 없도록 하신다.

성령 하나님은 사람을 돌이나 나무 조각처럼 힘으로 미시는 것이 아니고 인격적으로 대하신다. 성령은 사람의 지성을 복음으로 비추시고 그리스도의 은혜에 의해 이끌리게 하신다. 또 사람의 의지를 새롭게 조성하시므로 회개와 믿음을 스스로 결정하도록 역사하시고 감화하신다. 인격체로 대하심으로 사람이 스스로 결정하도록 설득하신다. 그리하여 사람이 즉각적으로 믿게 된다.

성령이 부름 받은 죄인의 속에 새사람을 창조하셨으므로, 믿음이 그 사람의 인격적인 결정으로 나타나게 된다. 성령이 사람 속에 새사람을 만드셨으므로 뉘우치고 돌이켜 믿음을 받아들이는 것이 피할 수 없게 된다.

4.2.3. 거듭남의 근거와 재료

성령은 자기의 이름으로 사람들을 부르시지 않는다. 왜냐하면 그는 사람의 구원을 위해서 피 흘리시지 않았기 때문이다.

성령은 그리스도의 구속사역으로 사람을 불러 그에게 복음을 적용하여 새롭게 만드는 일을 하신다. 따라서 그리스도의 구속사역이 없었으면 믿음으로의 부름이 성립할 수 없다.

성령이 사람들을 불러 하나님의 백성으로 돌이키라고 하실 수 있는 것은 전적으로 그리스도의 구속사역의 공로 때문이다. 그리스도가 피 흘리셨기 때문에 성령은 사람들을 주 예수께로 부르신다.

그리스도가 피 흘리고 부활하지 않으셨으면, 성령은 사람들을 다시 하나님의 백성으로 부르실 근거를 갖지 못하며 그들을 새롭게 나게 하실 근거도 갖지 못하게 된다.

성령은 주 예수 그리스도의 이름으로 사람들을 부르신다. 부름 받은 자들을 거듭나게 하는 창조사역도 그리스도의 구속을 적용하여 하신다. 성령이 이렇게 하실 수 있는 권리와 활동은 전적으로 그리스도의 구속사역에서 나온다.

그리스도가 피 흘리시고 부활하사 구원을 온전하게 성취하셨으므로, 성령이 사람들을 구원으로 부르실 수 있고 구원에 동참할 수 있도록 새로운 사람을 지으신다.

4.2.4. 새사람과 옛사람

4.2.4.1. 새사람

말씀과 성령으로 거듭난 것은 새사람으로 난 것을 말한다. 즉 부름 받은 자의 마음에 새사람이 창조된 것을 말한다. 죄짓는 것을 삶의 법으로 삼고 살던 사람이 죄를 버리고 산다. 더 정확하게는 그리스도를 믿는 믿음의 법으로 사는 삶의 방식이 새사람이다. 곧 믿음의 법을 따라서 사는 방식을 말한다.

죄인이 새사람이 되었으니 이제는 죄짓는 것을 생활의 방식으로 삼지 않는다. 그리스도의 생명이 역사하여 자기가 죄인임을 인정하고 하나님 앞에 죄인으로 고백한다. 그 고백 후에는 전처럼 모든 삶의 방식이 죄로 이루어지지 않는다. 죄짓는 것을 그쳤다.

그리스도의 부활의 생명으로 새사람이 되었으니 새사람으로 산다. 더 이상 죄만을 전부로 삼고 살지 않는다. 그리스도 안에서 자유를 얻었으므로 죄를 안 짓고 살 힘을 얻었다. 이제 그리스도 안에서 그의 영으로 죄의 사슬에서 놓여났다.

옛사람으로 살 때에는 죄짓고 사는 것을 사람의 본분을 다하는 것으로 여겼다. 특히 육신의 자연적 욕망을 만족시키는 것을 사람의 본분으로 여겼다.

그러나 새사람이 되면 죄에서 돌이켜 의를 바라고 의를 따른다. 하나님의 법을 기뻐하고 하나님의 뜻대로 살기로 작정한다. 죄만을 좋아하고 육의 욕망 충족을 인생의 목표로 생각하였는데, 그런 것들이 죄악임을 알고 죄짓는 것을 부끄러워한다.

새사람이 되었으므로 그리스도를 믿는 믿음의 법으로 산다. 더러운 것을 좋아하다가 이제는 깨끗한 것을 좋아한다. 음탕한 것을 좋아하고 그것으로 만족하여 살던 사람이 깨끗하고 거룩하게 사는 것을 기뻐하고 그렇게 살기로 작정한다. 따라서 의를 좋아하고 의의 길을 따른다.

4.2.4.2. 옛사람

옛사람은 죄짓는 것을 삶의 법으로 삼고 사는 방식이다. 그러나 새사람이 창조된 것은 옛사람을 다 제거하고서 이루어진 것이 아니다. 분명히 새사람이 되었지만 옛사람이 속에 함께 있다. 옛사람은 죽어 없어진 것이 아니다. 옛사람은 새사람과 함께 있다.

따라서 옛사람의 동작들은 새사람의 동작들이 약해지면 언제든지 나타난다. 그리고 옛사람의 법대로 행하도록 역사한다. 새사람인데도 옛사람으로 행동하는 것을 당연한 것으로 받아들인다. 말씀의 지적과 성령의 감화가 없으면 옛사람으로 사는 것을 당연한 것으로 여긴다.

옛사람이 역사하면 죄짓는 것이 나타난다. 죄짓기 시작하면 죄가 옳고 좋은 것으로 나타난다. 죄를 즐기며 사는 것도 좋게 여긴다. 믿음생활과 기도를 등한히 하면 언제나 육의 욕망이 사람을 지배한다. 그리고 욕망을 이루는 것을 만족해한다.

옛사람은 그리스도인이 끊임없이 약화시키고 죽여야 할 대상이다. 옛사람을 죽이는 일에는 기한이 없다. 루터가 말했듯이 나는 내 옛사람을 땅에 묻기 위해서 무덤을 파지만 내 손으로 내 옛사람을 장사하지 못한다. 이렇게 옛사람의 뿌리가 깊다.

바울은 옛사람을 육 (肉, σαρξ, caro)이라고 이름하였다. 육은 죄짓는 것을 삶의 법으로 삼고 사는 방식을 말한다. 육은 육체의 욕망으로 자신을 나타내어 기어이 그 뜻을 이루고자 한다.

육 혹은 옛사람을 죽이는 길은 새사람을 살리고 더욱 강하게 함으로 이루어진다. 따라서 새사람을 살리는 것과 옛사람을 죽이는 것은 함께 간다. 그리스도인은 옛사람 때문에 사는 날 동안 죄와 싸우며 살 수밖에 없다.

옛사람을 죽이는 방법은 복음선포와 기도로 된다. 복음선포로 옛사람의 일들을 지적받으면 뉘우치고 돌이키며 기도함으로 옛사람을 죽인다.

제5장

믿음고백 (Confessio Fidei, πιστις)과
뉘우치고 돌이킴(悔改, Paenitentia, μετανοια):
구원을 받아들임 (Accomodatio Salutis)

Iustificatio, Sanctificatio
Iustificatio, Sanctificatio
Iustificatio, Sanctificatio

복음선포를 들은 사람들에게 성령이 역사하셔서 거듭나게 하신다. 거듭남과 동시적으로 성령의 권면을 따라 주 예수를 믿는다는 믿음고백을 하게 된다.

믿음고백과 함께 회개한다. 믿음고백과 회개는 언제든지 같이 가기 때문이다. 믿음고백으로 믿음이 비로소 탄생하고 확정된다. 믿음고백이 바로 믿음이다.

성령이 우리 마음에 믿음을 조성하신다. 그러나 믿음은 내 믿음이므로 성령은 내가 믿음고백을 하게 하신다. 하나님이 내 믿음고백에 근거해서 나를 의롭다고 하신다.

제1절 구원하는 믿음 (fides salvifica, salutaris)

5.1.1. 믿음을 조성하심

성령은 복음을 들은 자들의 마음에 복음이 약속한 구원을 받아들일 손을 만드신다. 구원을 받아들일 손이 바로 믿음이다. 다시 말하면 성령이 사람으로 하여금 믿고 믿음고백을 하게 하신다.

성령이 사람으로 복음을 깨달을 수 있도록 지성을 비추시어 지각을 여신다. 그리하여 복음이 제시한 구원을 깨닫고 알게 하신다. 또 칼빈의 말대로 사람의 심장을 복음의 진리로 인치신다. 이로써 사람 속에 믿음이 생겨난다. 믿음은 하나님의 선물이고 하나님의 작품이다. 성령이 사람 마음에 믿음을 창조하시기 때문이다. 믿음은 사람의 결정사항이 아니고 하나님의 선물이다 (엡 2:8-9).

믿음으로의 결단은 믿음의 요소에 넣어야 하지만 그 결단은 사람의 독자적인 결정이 아니다.

5.1.2. 믿음고백을 함

5.1.2.1. 믿음고백은 믿는 사람이 함

성령은 복음을 들은 사람을 변화시켜 새사람으로 만들어 그 사람으로 믿게 하신다. 그러나 믿음고백은 믿는 사람의 일이고 구원도 믿는 사람의 일이므로, 복음을 들은 사람이 믿음고백을 한다.

믿음고백은 믿는 사람이 한다. 믿음고백을 성령이 하시는 것이 아니다. 믿는 내가 믿음고백을 한다. 내가 믿음고백을 하므로 그 믿음이 내 믿음이 된다. 성령이 복음전파를 통하여 사람으로 하여금 믿도록 다 만드셨어도 믿음고백은 믿는 내가 한다. 그 고백으로 믿음과 구원이 내 것이 된다.

5.1.2.2. 믿음고백이 믿음을 믿음이 되게 함

거듭난 사람은 주 예수를 자기의 유일한 구주로 믿는다고 고백한다. 주 예수가 자기의 죄 때문에 피 흘리고 죽으셨음을 인정하고 고백한다. 이것이 믿음이다. 믿음고백이 믿음을 믿음으로 성립시킨다.

5.1.2.3. 믿음고백과 회개가 동시에

그뿐만 아니라 믿음고백자는 예수 그리스도 없이는 영원히 죽을 죄인임을 인정하고 고백한다. 이로써 주 예수를 자기의 유일한 구주와 주로서 인정하고 고백하여 그에게 전적으로 모든 구원을 내어맡긴다. 이것이 회개 혹은 뉘우치고 돌이킴이다.

믿음고백과 회개는 같이 일어난다. 믿음고백을 할 때 회개하여 죄용서를 받는다. 언제든지 믿음고백과 회개는 같이 일어난다. 믿음고백은 자기가 도저히 용서받지 못할 죄인임을 인정하면서 일어나기 때문이다. 오직 예수 그리스도만이 나의 모든 죄를 해결해 주실 구주이심을 믿어 믿음고백이 나오고 회개가 나온다.

5.1.2.4. 언제나 믿음고백을 계속해야 함

그리스도인은 언제나 믿음고백을 해야 한다. 처음 믿을 때 믿음고백을 할 뿐만 아니라 언제나 믿음고백을 계속해야 한다. 이 믿음고백을 계속하므로 그리스도인으로 살고 믿는 사람으로 산다. 믿음고백으로 그리스도가 그 고백자 안에 사시기 때문이다 (엡 3:17).

5.1.2.5. 계속적인 믿음고백으로 그리스도가 내 안에 사심

그리스도는 믿음고백하는 사람들 안에 거주하신다 (엡 3:17). 믿음고백 없이 그리스도가 우리 안에 거주하심을 확인할 길이 없다. 주 예수를 믿는다는 믿음고백을 늘 계속해야 한다.

그리스도인의 믿음의 삶은 믿음에서 믿음에 이르는 길이다 (롬 1:17). 처음 믿음고백은 믿음의 시작이다. 주 예수를 믿는다는 믿음고백으로 예수 믿음을 시작하였다. 믿음의 삶을 시작한 후에도 믿음고백을 계속해야 믿음의 삶을 계속할 수 있다. 그러므로 "주 예수님, 내가 주를 믿습니다"라는 고백을 늘 해야 그리스도를 모시고 사는 삶을 살 수 있다.

5.1.3. 죄고백과 죄를 버림

믿음고백을 하면 자기가 죄인임과 자기가 행한 모든 일이 죄였다는 것을 인정하고 뉘우치며 그 죄들을 버리게 된다. 곧 회개는 믿음고백과 동시적으로 일어난다. 주 예수 그리스도를 믿는 믿음고백을 한다는 것은 오직 주 예수 그리스도만이 죄를 해결해 주실 분이라는 것을 깨달음에서 나오기 때문이다.

이제껏 죄를 즐기고 죄짓는 것을 인생의 본분으로 삼고 살았는데 그것이 전적으로 죄였음을 인정하게 된다. 그리고 자기 자신이 죄 자체이며 살아온 모든 것이 죄였음을 고백하고 뉘우치게 만든다. 죄로 살고 죄를 지으며 사는 것이 죽음의 길인데도, 그것을 바른 삶의 방식으로 알고 거기에 전력투구하였음을 인정하고 고백하며 그런 죄의 방식을 버리기로 작정한다. 그러면서 내 죄를 위해서 죽으신 구주 예수에게 전적으로 매어달리고 그를 의지한다.

5.1.4. 삶의 방향을 돌이킴

마음 판에 심긴 복음의 씨가 역사하여 삶의 방향을 전적으로 돌이킨다 (conversio). 죄로만 살던 데서 죄를 끊기로 결심한다. 죄로 살았던 삶을 뉘우치고 죄 자체인 자기 자신과 자기의 죄를 주 예수의 피로 씻어주시고 용서하시기를 기도한다.

5.1.4.1. 믿음고백과 함께 그리스도의 피로 죄용서를 구함

주 예수의 이름으로 기도하고 주 예수의 피를 의지해서 죄용서를 구하여 확실한 응답을 받았다. 죄용서가 이루어졌다. 주 예수의 피로 죄가 완전히 씻어지고 용서되었다.

5.1.4.2. 주 예수가 유일한 구주이심을 고백하고 하나님께로 완전 돌아섬

믿음고백과 함께 주 예수는 하나님의 아들이심과 나를 위해서 죽으시고 부활하신 구주이심을 확신한다. 성령이 죄인으로 하여금 주 예수가 하나님의 아들이시고 유일한 구주이심을 알고 믿게 하시기 때문이다.

이 고백으로 성령은 죄인의 심장을 주 예수의 피로 씻어 깨끗하게 하신다. 믿음고백과 함께 죄인은 깨끗해졌다.

믿음고백을 한 죄인은 자기 자신과 죄에서 하나님과 주 예수에게로 완전히 돌아섰다. 아니 성령이 완전히 돌이키셨다. 이것이 회개이다.

5.1.5. 개종이나 회심이 아니라 회개임

하나님에게로 돌이킴을 통상적으로 개종 (conversio) 혹은 회심이라고 이름하였다. 그러나 이 사건은 회심이라고 말할 것이 아니고 회개라고 해야 한다. 다른 종교를 갖고 있다가 주 예수에게로 돌이킨 경우에도 회심 내지 개종으로 말할 것이 전혀 아니다.

죄인이 주 예수를 믿어 하나님께로 돌이킨 것은 한 종교에서 다른 종교로 옮긴 것이 아니다. 죄인이 자기의 하나님 곧 창조주 하나님께로 돌아간 것이다. 그러므로 다른 종교를 갖고 있다가 예수 믿음으로 돌아선 경우도 개종이나 회심이라고 말하면 안 된다. 죄인이 회개하여 창조주 하나님께로 돌아간 것이므로 회개라고 하는 것이 합당하다.

5.1.5.1. 성경 용어들: 모두 회개와 돌이킴임

성경은 회심이나 개종이란 단어를 사용하는 것이 아니라 회개를 말한다. 더구나 희랍어와 히브리어 단어들을 사용하여 설명할 경우는 더욱 확실하다. 통상 회심을 말할 때는 '뉘우치다, 회개하다'의 뜻인 니함 (מחנ)을 사용해왔다. 니함은 글자대로 뉘우치고 돌이키는 것이므로 회심이라고 할 수 없고 회개라고 해야 한다. 유대인들은 다른 신들을 섬기다가 자기의 본래 하나님에게로 나아갈 경우에 니함을 썼다.

또 돌이키다의 뜻인 슈브 (שוב)로 회심을 종종 설명해왔다. 슈브는 글자 그대로 '죄짓던 자리에서 하나님께로 돌아감'을 뜻한다. 그러므로 회심이나 개종으로 볼 것이 아니고 뉘우치고 돌이킴 곧 회개라고 해야 합당하다.

어떤이들은 신약에 나오는 메타노이아 (μετανοια)를 사용하여 회심 혹은 개종으로 정의하곤 하였다. 메타노이아는 글자대로 '마음을 바꿈'이므로 뉘우치고 돌이키는 회개가 더 합당하다.

또 회심의 용어로 자주 사용해온 에피스트로페 (επιστροφη)는 행 15:3에 나타나는데 이방인들이 주님께로 돌아올 때 사용하였다. 이 경우는 개종이라고 할 수 있지만 창조주 하나님께로 이방인들이 돌아간 것이므로 돌이킴으로 이해함이 합당하다.

위에서 살폈듯이 믿음과 회개가 믿음과 회심이란 표현보다 더 적합하고 합당하다.

5.1.6. 거듭되는 회개

우리는 주 예수를 믿을 때 회개하고 믿었다. 왜냐하면 회개하고 주 예수를 믿으라고 촉구받았기 때문이다 (마 4:17; 막 1:15; 눅 13:3, 5; 15:7, 10; 24:47; 행 2:38; 5:31; 17:30; 20:21; 벧후 3:9). 따라서 우리는 죄를 뉘우치고 하나님께로 돌아갔다. 우리가 죄인인 것과 무서운 죄들을 범하였음을 고백하고 그리스도의 피로 씻어주시기를 구하여 죄용서 받고 새사람이 되었다.

그러나 우리에게는 육 혹은 옛사람이 함께 있다 (롬 8:5, 9, 13; 고전 3:1; 갈 3:3; 5:19; 6:9; 골 3:9). 옛사람이 자주 역사하므로 우리는 실수하고 범죄하여 허물을 갖게 된다. 이런 실수와 범죄도 회개하지 않으면 심판을 받을 것이다. 그러므로 그리스도의 피를 믿고 그 피에 호소해서 지은 모든 죄들을 용서받아야 한다.

우리 그리스도인들의 삶은 회개가 연속되는 삶이다.

5.1.7. 믿음의 세 요소: 복음선포, 믿음고백, 계속적인 믿음고백

루터교회의 가르침은 믿음을 객관적 믿음의 대상으로서 믿음 (fides, quae creditur)과 주관적 믿음의 결정 (fides, qua creditur)으로 나누었다. 믿음의 대상에 주 예수 그리스도의 인격과 그의 구원사역을 넣었다. 그리고 주관적 결정으로서 믿음은 믿음의 결정으로 이해하였다. 이 주장은 루터교회에서 이루어졌다.

5.1.7.1. 믿음의 대상지식, 찬동, 신뢰는 바른 제시가 아님

개혁파는 믿음의 요소로 대상지식 (cognitio)과 찬동 (assentia)과 신뢰 (fiducia)를 제시하였다. 믿음의 대상지식은 주 예수 그리스도의 인격과 그의 구원사역을, 찬동은 그의 구원사역이 나를 위해서 이루어졌다고 인정하는 것이며, 신뢰는 구원이 전적으로 나를 위해서 이루어졌다고 믿고 전폭적으로 내어맡기는 것으로 이해하였다.

믿음의 요소에 대한 이 제시는 합당하지 못하다. 믿음의 대상지식과 찬동은 결국 같은 것이다. 그리스도의 구원사역이 나를 위해서 이루어졌다고 아는 것은 사실로 그러하다고 인정하는 것을 포함한다. 결국 지식과 찬동은 같은 것이고 일치된다. 그런데 둘로 나눈 것은 합당하지 못하다.

토마스 아퀴나스가 믿음을 지식에 대한 찬동으로 정의한 것은 정당하지 않다. 그의 잘못된 정의를 개혁신학이 그대로 차용하고 있다. 그래서 개혁신학은 찬동을 믿음의 결정적 요소로 설정하였다.

5.1.7.1.1. 믿음의 대상의 지식을 온전한 복음선포로 바꾸어야 함

믿음의 첫 번째 요소는 믿음의 대상에 대한 확실하고 분명한 지식이다. 곧 하나님의 아들 예수 그리스도가 피 흘려 죗값을 지불하시어 나를 죄와 죽음에서 구원하셨다는 것을 확실히 아는 것이다.

그냥 지식이라고 말하면 사람이 스스로 얻는 지식으로 이해된다. 신앙지식은 충분하고 확실한 복음의 내용을 선포함에서 온다. 따라서 신앙대상의 지식 항목은 확실한 복음선포로 바꾸어야 한다. 복음선포에서 바르고 확실한 신앙지식이 오기 때문이다.

성경이 이 진리를 증거한다. "믿음은 들음에서 나며 들음은 그리스도의 선포로 말미암았느니라" (롬 10:17; ἄρα ἡ πίστις ἐξ ἀκοῆς, ἡ δὲ ἀκοὴ διὰ ῥήματος Χριστοῦ). 믿음은 들음에서 난다. 그리고 들음은 그리스도의 선포 (ῥῆμα τοῦ Χριστοῦ) 곧 그리스도의 복음선포를 듣는 것이다. 여기 본문에서 바울은 그리스도의 말씀이라고 할 때 흐레마 (ῥῆμα)를 사용하고 로고스 (λόγος)를 사용하지 않았다. 흐레마는 그냥 말씀이 아니라 말함 (Rede), 설교 (Predigt), 선포 (Verkündigung)의 뜻을 갖는다. 그러면 '말씀으로 말미암아' (διὰ ῥήματος Χριστοῦ)는 '그리스도의 선포로 말미암아'의 뜻이다. 들음은 그리스도의 복음의 선포를 들음이고 복음선포를 들음으로 믿음이 나온다. 믿음 곧 믿음지식은 오직 그리스도의 복음을 들음에서 나온다. 그 외의 다른 방법으로 얻는 지식은 성경적 믿음지식이 결코 아니다. 오직 믿음지식은 그리스도의 복음선포를 들음에서 나온다. 그 지식만이 바르고 정당한 믿음의 대상지식이다.

믿음의 대상에 대한 바른 선포를 받으면 믿음의 대상을 확실하게 알게 되어 믿음고백을 하게 된다. 믿음의 대상에 대한 확실한 지식은 복음선포에서 받았으므로 믿기로 작정하고 결단한다. 물론 이 결단은 성령의 역사로 일어나지만 복음을 선포 받은 사람이 결단을 해야 한다.

복음을 선포 받아 그 내용을 알면 그것을 정당한 내용이라고 동의하는 것이 아니다. 선포의 내용대로 믿음고백을 하게 된다.

5.1.7.1.2. 찬동은 믿음고백으로 바꾸어야 함

믿는다는 고백을 해야 믿음이 믿음으로 성립한다. 믿음의 내용을 정당한 것으로, 또 나를 위해서 이루어진 것으로 동의만 해서는 믿음이 성립하지 않는다. 믿는다는 고백이 믿음을 믿음이 되게 한다. 그러므로 찬동이 아니라 믿기로 하는 믿음고백을 믿음의 구성요소로 정해야 한다. 믿음에 이르는 길은 믿음고백을 통해서만이기 때문이다.

5.1.7.1.3. 신뢰를 계속적인 믿음고백으로 바꾸어야 함

통상 복음의 내용을 받아들여 믿기로 결단한 후에 전적으로 의뢰하는 것을 신뢰(fiducia)라고 해왔다. 예수 그리스도의 구원이 나를 위해서 이루어졌으므로 복음의 내용대로 내게 이루어질 것을 확신하고 전적으로 내어맡기는 것을 신뢰라고 정의하였다. 이것은 로마교회의 견신교리를 개신교식으로 바꾼 것이다.

구원에 이르는 믿음은 두 단계로 이루어지는 것이 아니다. 신뢰로 구원이 결정된다면 언제 신뢰가 이루어지는가? 이렇게 두 단계로 믿음을 결정하는 것은 로마교회의 견신교리의 변형일 뿐이다. 처음 믿음고백 할 때도 신뢰가 확실하다.

믿음이 믿음으로 존속하는 것은 계속적인 믿음고백으로 된다. 처음 믿을 때 했던 믿음고백을 반복해서 하는 것만이 믿음으로 역사한다. 그러므로 믿음고백 다음에 신뢰가 오는 것이 아니고 처음 믿음고백을 끊임없이 반복하는 것이다.

5.1.7.2. 믿음의 세 요소: 온전한 복음선포와 믿음고백과 계속적인 믿음고백

믿음의 세 요소는 지식과 찬동과 신뢰가 아니라 복음선포와 믿음고백과 계속적인 믿음고백으로 성립한다. 이것이 성경적인 바른 정의이다.

5.1.7.2.1. 온전한 복음선포 (praedicatio evangelii)=믿음의 대상지식 (notitia fidei)

믿음의 대상은 복음선포로 제시되어야만 한다. 복음선포와 믿을 것을 권면하는 것에서 복음의 내용이 제시된다.

믿음의 대상은 바로 예수 그리스도와 그의 구원사역이다. 예수 그리스도가 하나님의 아들이신데 나를 위하여 사람이 되시고, 내 죄를 해결하고 영생을 주기 위해서 십자가에서 피 흘리셨음을 아는 것이 절대적으로 필요하다. 그리고 완전한 구원을 이루기 위해서 그가 죽은 자들 가운데서 부활하셨음을 분명하고 확실하게 선포하여 알게 해야 한다.

믿음의 대상에 대한 지식은 독자적으로 얻는 것이 아니다. 사람이 스스로 대상지식을 얻을 수 없다. 그냥 신앙대상의 지식이라고 할 때는 복음선포 없이 독자적으로 지식을 얻는 것으로 이해된다. 곧 믿을 사람이 지식을 획득해야 하는 것으로 인지된다. 결코 그렇지 않다.

대상지식은 온전한 복음선포로 그 대상을 바르고 확실하게 알게 되어 주 예수를 믿는 것이다. 예수 그리스도가 모든 구원을 이루신 구주이시므로 그의 인격과 구원사역을 바르고 확실하게 아는 것이 가장 중요하다. 이렇게 아는 것은 전적으로 온전한 복음선포로 이루어진다. 온전한 복음선포가 이루어지면 그 선포를 받은 사람이 믿음에 이르게 된다. 물론 복음선포에 성령이 역사하시므로 믿음의 대상을 확실하게 알고 믿음고백을 하게 된다.

5.1.7.2.2. 믿음고백 (confessio fidei)

우리 믿음의 대상은 주 예수이다. 그러므로 주 예수를 믿는다고 믿음고백을 해야 한다.

성경은 믿음의 대상이 주 예수이므로 주 예수를 믿는다는 믿음고백을 할 것을 가르친다. 그리스도 자신이 자기를 믿어야 멸망하지 않고 영생을 얻는다고 하셨다. "하나님이 세상을 이처럼 사랑하사 독생자를 주셨으니 이는 저를 믿는 자마다 멸망치 않고 영생을 얻게 하려 하심이니라"(요 3:16). 여기서 주 예수 자신이 독생하신 아들 곧 주 예수를 믿으면 멸망하지 않고 영생을 얻는다고 언명하셨다.

또 베드로도 같은 뜻으로 선포하였다. "너희가 회개하여 각각 예수 그리스도의 이름으로 세례를 받고 죄 사함을 얻으라. 그리하면 성령을 선물로 받으리라"(행 2:38). 예수 그리스도의 이름으로 세례를 받는 것은 그를 믿는다고 믿음을 고백하는 것을 뜻한다. 예수 그리스도의 이름으로 세례를 받는 것은 주 예수를 믿는다는 믿음고백이다. 그러므로 믿음고백은 주 예수를 믿는다는 믿음고백이어야 한다.

바울도 전도할 때 "주 예수를 믿으라 그리하면 너와 네 집이 구원을 얻으리라"고 하였다 (행 16:31). 주 예수를 믿어 구원 얻는 길은 주 예수를 믿는다고 믿음을 고백하는 것이다.

주 예수를 믿는다는 믿음고백은 "주 예수님, 내가 주를 믿습니다"라고 고백하는 것이다. 믿음고백의 바른 공식은 "주 예수님, 내가 주를 믿습니다"이다.

이런 믿음고백은 복음선포를 들음으로 일어난다. 성령이 복음선포에 역사하시기 때문이다.

복음선포로 예수 그리스도의 인격과 그의 구원사역을 알게 되면, 그를 구주로 믿고 그의 사역이 나를 위한 것임을 믿기로 작정하고 고백하는 일이 필수적이다. 믿는다는 고백을 해야 믿음이 성립한다. 믿음고백을 성령이 시키시지만 사람의 믿음고백 없이는 믿음이 성립하지 못한다.

복음선포를 받고 마음으로 믿기로 작정하고 믿음을 고백해야 그 사람 안에 믿음이 성립하게 된다.

"주 예수님, 나는 죽을 수밖에 없는 죄인인데, 나를 위해 십자가에서 죽어 피 흘리셨으므로 내가 주를 내 유일한 구주로 믿습니다"라고 고백해야 한다. 곧 "주 예수님, 내가 주를 믿습니다"라고 고백해야 한다.

주님이 나를 위해 죽고 부활하셨다는 것을 찬동하고 사실로 인정하는 것은 역사적 신앙 (fides historica)이 될 뿐이지, 구원하는 믿음 (fides salvifica)이 될 수가 없다. 그런 믿음은 역사적 믿음이어서 단순한 인정일 뿐 (nudus assensus)이다. 찬동은 지식내용을 그냥 사실 혹은 사건으로 인정하는 것에 불과하다.

복음이 나를 위해 생겼으므로 이 복음을 내 것으로 받아들이지 않으면, 나는 사는 길이 없고 죽음뿐이라는 것을 인정할 때만 믿음고백이 나온다. 복음의 내용대로 믿기로 결단하고 믿음고백을 함으로 믿음이 구원하는 믿음이 되어 고백자가 구원에 이른다. 이것이 사람이 마음으로 믿어 의에 이르고 입으로 시인하여 구원에 이른다는 말씀의 뜻이다 (롬 10:10).

여기서 말하는 시인은 찬동이 아니라 믿음고백 혹은 믿음결단이다. 원문에는 입으로 고백하여 구원에 이른다고 되어 있다. 시인이라고 한 것은 바른 번역이 아니다. 믿음결단이 바로 믿음고백이다. 믿음을 결단하면 반드시 믿음고백을 하게 되어 있다. 믿음고백 없이는 믿음이 성립하지 않는다.

전통적으로 믿음의 두 번째 요소로 찬동 (assentia)을 꼽았는데 이것은 합당한 믿음의 정의가 아니다. 믿음을 진리에 대한 찬동이라고 주장한 토마스 (Thomas Aquinas, Summa Theologica, III, quaestio1 art.1)의 가르침을 이어받은 것이다. 진리에 대한 찬동으로는 결코 믿음이 성립하지 않는다. 믿음고백을 해야 믿음이 믿음으로 정립된다.

그러므로 복음선포에서 얻은 믿음의 대상지식과 함께 믿음고백을 해야 믿음이 그 사람 마음에 자리 잡고 역사한다. 곧 믿음고백으로 믿음이 발생하고 믿음이 역사한다.

아무리 복음선포를 잘 들었어도 믿음고백을 하지 않으면 믿음이 그 사람의 것이 될 수가 없다. 믿음고백을 할 때만 그 고백자에게 믿음이 성립한다. 고백으로 믿음이 역사하여 고백자를 구원 얻은 자로 만든다.

5.1.7.2.3. 계속적인 믿음고백 (확신있는 믿음, fiducia)

5.1.7.2.3.1. 처음 믿음고백 때부터 확신하는 믿음

사람은 주 예수를 내 구주로 믿는다고 고백하여 믿는 자가 된다. 믿음고백에는 복음의 내용대로 구원이 이루어졌으므로 그 내용대로 믿는 믿음이 포함된다.

믿음의 완성단계로 신뢰를 말하여 전폭적인 의존의 단계에 이르러야 구원 얻는 믿음이 된다는 가르침은 바르지 않다. 신뢰를 믿음고백 다음에 새로운 믿음의 요소로 설정하면 두 단계의 구원과정이 된다. 그것이 아니다. 처음 믿을 때도 완전한 확신으로 믿는다. 성령이 복음의 선포 내용대로 믿게 하시기 때문이다.

만일 믿음고백 다음의 단계로 신뢰를 설정하는 것은 첫 믿음고백이 잠재신앙 (fides implicita)이었다는 것을 뜻한다. 이 잠재신앙이 밖으로 드러나 확실하게 되는 것이 로마교회의 견신이다. 신뢰는 잠재신앙과 견신 (堅信, confirmatio)의 도식 위에 서 있다. 그런 것은 불가하다. 처음 믿음고백 할 때부터 구원의 확신으로 시작한다.

처음 믿음고백 할 때부터 신뢰 (信賴)이고 확신 (確信)으로 시작한다. 내가 복음의 내용대로 믿으므로 나는 확실하게 구원받았음을 알고 확신한다. 복음의 내용을 확신하고 그 내용이 내 것이 되었음을 믿는 것이 믿음이다. 복음의 내용이 고백자의 소유가 되었다.

이 믿음으로 믿음고백자는 하나님이 내 아버지이심을 확신한다. 그래서 담대하고 당당하게 하나님께로 나아간다 (엡 3:12). 하나님이 심판주가 아니라 자기의 친 아버지이심을 확신한다 (엡 1:5). 그리고 예수 그리스도가 자기의 유일한 구주로서 온전한 구원을 이루셨음을 확신하여 죄용서와 영생을 자기의 것으로 확신한다. 무엇보다도 모든 구원을 이루신 것이 하나님의 사랑임을 확신하여 믿음고백자의 속에서부터 사랑이 흘러나게 된다.

그리하여 믿는 자는 더 이상 죄인이 아니요 의인임을 확신한다. 따라서 하나님의 형벌이나 정죄를 더 이상 두려워하지 않는다. 자기의 죄가 그리스도의 피로 완전히 씻어졌음을 확신하므로 감사와 평화가 흘러나온다. 왜냐하면 하나님의 아들이 직접 내 죄를 책임지고 피 흘리셨기 때문이라는 확신을 갖게 되기 때문이다. 그러므로 벌 받을 것을 두려워하는 것이 아니라 형벌이 있을 수 없음을 확신하는 의로운 자 (justus)로 선다.

그리하여 그리스도의 죽음과 구원의 은혜를 자기의 소유로 확신한다. 실제로 구원을 소유하고 있다는 절대적인 확신 (certitudo absoluta)으로 산다. 왜냐하면 자기의 믿음이 가장 확실한 믿음임을 알기 때문이다. 믿음과 복음의 내용이 일치를 이루어 믿음의 확신이 구원의 확신 (persuasio salutis)이 된다.

5.1.7.2.3.2. 계속적인 믿음고백으로 확신 가운데 살게 됨

믿음의 삶에서 종종 믿음의 확신에 흔들림과 의심이 일어나게 된다. 그러면 자기의 구원의 확신이 흐려지고 믿음에 의심이 많이 생기게 된다. 이런 삶을 계속하면 믿지 않는 사람과 별로 다를 바가 없게 된다.

이럴 때 믿음을 확실하게 하기 위해서 새로운 과정을 겪는 것이 아니다. 신뢰나 견신같은 새로운 과정을 거쳐서 믿음에 굳게 서는 것이 아니다.

믿음은 그리스도가 내 안에 사시는 것을 말한다. 주 예수 그리스도를 믿는다는 믿음고백을 함으로 믿음에 굳게 서고 구원의 확신을 갖게 된다. 아무리 믿음이 약해져서 자기의 믿음과 구원을 의심할 만큼 되어도, 주 예수를 믿는다는 믿음고백을 함으로 믿음에 굳게 서게 된다. 그리스도교는 믿음에서 믿음에 이르는 종교이다 (롬 1:17).

처음 믿음을 굳게 하고 끝까지 믿어 영생에 이르는 길은 주 예수를 믿는 믿음고백을 계속하는 것이다. 처음 믿을 때 했던 믿음고백을 믿음의 삶에서 계속하는 것이다.

주 예수를 믿는다는 고백을 계속하면 주 예수는 고백자의 마음에 사시므로 믿음이 굳게 된다. 주 예수는 믿음고백 할 때 우리 마음에 거주하신다. 그리스도께서 믿는 자들에게 오시는 것은 신적 실체로 오시는 것이 아니고 인격적 연합의 방식으로 계신다. 그러므로 믿음고백 할 때 그리스도께서 우리 안에 거주하신다 (엡 3:17).

그리스도인들이 믿음에 굳게 서고 구원의 확신 가운데 사는 길은 주 예수를 믿는다는 믿음고백을 끊임없이 하는 것이다. 이 고백을 하면 주 예수는 깊은 감동과 감화를 주신다. 이것이 주 예수가 내 믿음고백에 응답하셨다는 표이다.

처음 믿을 때 했던 믿음고백을 계속하는 것이 믿음에 굳게 서고 믿음으로 살며 확실하게 그리스도를 모시고 사는 길이다. 믿음고백으로 그리스도가 내 안에 사시기 때문이다 (엡 3:17).

주 예수 그리스도를 믿는 믿음고백을 반복함으로 믿음에 굳게 서고 흔들림이 없어지고 구원의 확신 가운데 살게 된다. 믿음고백을 하면 언제든지 성령이 역사하셔서 구원의 확신을 갖게 하고 믿음에 담대하게 된다. 어려운 모든 삶의 굽이굽이마다 믿음고백 하는 자들에게 성령의 안위와 확신이 늘 따라온다. 그뿐만 아니라 주 예수를 믿는다는 믿음고백에서 믿음의 담력과 확신을 늘 얻게 된다.

그러므로 확신있는 믿음은 신뢰의 단계로 얻는 것이 아니고 주 예수를 믿는다는 믿음고백으로 된다. 믿음고백을 끊임없이 하는 것만이 그리스도인들이 믿음에 굳게 서서 확신있는 삶을 살게 하는 길이다.

5.1.8. 믿음이 곧 의 (義, justitia)

사람이 주 예수를 구주로 믿으면 죄용서를 받는다. 죄를 용서받으므로 죄에서 깨끗하게 되었다 (행 15:9). 죄를 용서받은 것은 바로 죄책이 제거되었음을 뜻한다. 죄가 죄로 정죄되는 것이 아니고 죄책이 제거되었으므로 벌 받을 근거가 없어졌다.

우리는 주 예수 그리스도를 믿는다. 이 믿음이 의로 인정된다 (롬 3:28). 주 예수를 믿으므로 죄를 완전히 용서받아 의롭다고 인정받기 때문이다.

　율법을 지킬 수 없는 우리는 주 예수를 믿는 것뿐이다. 주 예수를 믿는 믿음을 하나님이 의로 여기셨다 (롬 3:30). 의로 인정받는 것은 우리가 주 예수를 믿음으로만 된다. 아브라함이 하나님을 믿음으로 의롭다 함을 받은 것처럼 우리가 의롭게 되는 것도 주 예수를 믿는 믿음뿐이다 (롬 4:9; 창 15:6). 우리의 의는 전적으로 주 예수를 믿는 믿음이다.

　요약하면 다음과 같다.
　의는 본래 하나님 앞에서 살 수 있는 생존권 (生存權)을 뜻한다. 그런데 사람이 하나님을 반역하므로 생존권을 상실하여 다 죽게 되었다. 반역죄를 지었으므로 영원히 죽게 되었다. 죄에서 벗어나 의를 얻어 다시 살 수 있는 길은 전혀 없게 되었다.
　사랑이 넘치신 하나님은 마땅히 죽어야 할 사람들을 다시 살리기로 하셨다. 그것은 죗값을 지불함으로 반역죄를 무효화해야 하는 것이다. 어떤 사람도 이 일을 할 수 없기 때문에 하나님 자신이 죗값을 대신 지불하기로 하셨다.
　하나님이 사람이 되셔서 피 흘리심으로 우리의 죗값을 지불하셨다. 그러므로 하나님의 구속사역을 믿기만 하면 죽지 않고 생명을 얻어 영생에 이르게 하셨다. 믿기만 하면 모든 죄를 용서하고 하나님 앞에 사는 생존권을 주기로 하셨다. 따라서 믿게 되었다 (요 3:16).
　이런 하나님의 구원경륜 때문에 믿음이 바로 의가 된다. 믿음만이 의가 된다. 왜냐하면 믿음은 하나님이 대신 갚은 죗값을 내가 갚은 것으로 받는 것이기 때문이다.

믿음 외에 다른 방식으로 곧 인간의 선행으로 의를 얻으려고 하는 것은 하나님의 구원경륜을 깨는 것이어서 죽음뿐이다. 아브라함은 율법을 지킴 없이 믿음으로만 의롭게 되었다 (롬 4:9-11). 우리도 율법을 지킴 없이 오직 주 예수를 믿는 믿음으로 의롭게 된다.

죄인은 도저히 율법과 계명들을 지킬 수 없기 때문에 (롬 3:20, 28) 주 예수가 대신해서 피 흘리심으로 우리의 죄를 다 속량하셨다 (갈 3:10-13; 4:5). 그리고 예수 그리스도를 믿기만 하면 의롭게 된다고 하셨다 (갈 2:16; 3:11). 예수 믿음은 하나님 곧 예수 그리스도가 대신 죗값을 갚은 것을 내가 갚은 것으로 받는 것이다. 이 믿음이 바로 의이다. 우리가 주 예수를 믿음으로 의롭다 함을 얻었다 (롬 5:1).

또한 주 예수를 믿으면 하나님의 자녀가 된다 (갈 4:4-6). 자녀가 되면 하나님의 상속을 받는다 (롬 8:17). 상속을 받는 것은 전적으로 주 예수를 믿음으로 되었다 (갈 4:7).

믿음으로 의롭다 함을 받아 구원을 얻었으니 (엡 2:8-9) 하나님의 자녀가 되고 상속자가 되었다. 단지 주 예수를 믿는 것만으로 죄인이 하나님의 자녀까지 되었다 (갈 4:4-6; 롬 8:15-16). 오직 주 예수를 믿는 믿음만이 바로 의이다.

제2절 믿음과 행함의 문제

종교개혁교회 중 알미니안 신학 계통의 교회들은 믿음으로만 의롭다 함을 얻는다는 이신칭의 교리를 가르치지 않는다. 거의 로마교회의 교리 곧 믿음과 행함의 교리로 돌아갔다.

그들은 사람이 의롭다 함을 받으려면 믿음에 선행을 더해야 완전해진다고 주장한다. 믿음만으로는 결코 의롭다 함을 받지 못한다. 믿음에다 선행을 더하여 완전성화를 이루어서 의롭다 함을 받는다고 가르친다. 이런 주장은 종교개혁의 이신칭의 교리를 근본에서 헐어내리는 것이다.

하나님이 구원은 이루셨어도 그 구원을 내 것이 되게 하는 일은 내가 선행을 행하여 공적을 쌓음으로 된다고 주장한다. 따라서 구원에 참여하는 것은 전적으로 은혜의 역사가 아니다. 사람이 합당한 몫을 해야 구원에 동참한다. 이런 가르침이 중세에 많은 사람들을 괴롭혔다. 그리하여 루터가 오직 믿음으로 의롭다 함을 얻는다고 하는 교리로 (롬 1:16-17; 3:21-22; 갈 2:16; 합 2:4) 교회를 개혁하였다. 그런데도 종교개혁의 전통 중에서 일부 교회들은 이신칭의 교리를 버리고 믿음과 선행으로 구원 얻는다고 가르치기 시작하였다.

다음의 가르침들을 살펴보는 것이 적당하다.

5.2.1. 토마스 아퀴나스의 가르침

로마교회는 처음 믿는 신앙을 잠재신앙 (fides implicita)이라고 가르친다. 이러한 잠재신앙이 구원하는 믿음 (fides salvifica)이 되려면 교회의 교리를 인정할 뿐만 아니라 사랑의 선행을 더해야 된다.

로마교회의 신학자인 토마스 아퀴나스 (Thomas Aquinas, 1225-1274)는 잠재신앙이 어떻게 명시적 신앙이 되는지를 설명한다. 그는 신앙의 대상을 구분하여 아는 것을 명시적 신앙이라고 말한다. 가령 삼위일체 교리와 성육신 교리를 인정하므로 명시적 신앙이 된다는 것이다. 그리고 비형성된 신앙 (fides informis)은 사랑의 선행에 의해서 형성된 신앙 (fides formata)이 된다고 가르쳤다. 자유의지로 사랑의 선행을 행하면 그것이 공로가 되어 영생을 상급으로 받는다고 가르쳤다.

5.2.1.1. 믿음: 진리에 대한 찬동

토마스는 믿음을 '진리에 대한 지적 찬동'으로 정의한다. 믿음의 형식적 대상은 일차적 진리 (veritas prima) 곧 하나님 자신 (Deus ipse)이라고 한다. 따라서 믿음은 일차적 진리에 대한 동의 혹은 찬동 (assentia)이라고 정의한다 (Summa Theologica, III, quaestio1 art.1). 그러나 믿음은 확실한 것이 못되어 지식과 의견의 중간이라고 (fides est media inter scientiam et opinionem; ST, III, quaestio1 art.2) 판정하였다.

믿음이 의견의 수준을 넘어서 확실한 믿음이 되려면 진리의 지식에 찬동이 있어야 한다. 그래서 토마스는 믿음을 진리에 대한 찬동이라고 정의하였다. 그는 믿음을 일차적 진리에 동의하는 것이라고 규정하면서도 믿음을 의견보다 좀 더 나은 정도로만 여겼다.

또 그는 믿음은 믿을 대상에 지성의 동의를 도입해야 한다 (fides importat assensum intellectus ad id quod creditur; ST, III, quaestio1 art.4)고 가르친다.

토마스는 믿음의 대상 곧 지성이 찬동해야 할 일차적 진리의 내용을 제시하였다. 곧 신성의 통일 (unitas Divinitatis)과 위격들의 삼위일체 (Trinitas personarum)와 신격의 사역들 (opera Divinitatis propria)을 꼽았고 그리스도의 성육신을 더하였다 (mysterium incarnationis Christi; ST, III, quaestio1 art.6. 8). 토마스는 이 기본진리에 대한 찬동을 믿음으로 정의하였다.

또 토마스에 의하면 믿음은 바라는 것들의 실체 (fides est substantia sperandarum rerum)이다. 따라서 보지 못하지만 믿어야 할 대상에 신적 진리를 넣었다 (ST, III, quaestio1 art.6).

5.2.1.2. 교회의 신앙: 형성된 믿음

토마스는 백성들의 신앙은 비형성된 곧 잠재신앙이지만 교회의 신앙은 형성된 신앙 (fides formata)이라고 하여 둘을 구분한다.

5.2.1.2.1. 교회의 신앙이 형성된 믿음이라고 부르는 이유

교회의 신앙을 형성된 믿음이라고 주장하는 이유는 다음과 같다.

첫째로 교회는 성령 곧 진리의 영에 의해서 지배받으므로 오류를 범할 수 없다. 더구나 교리는 보편교회의 권위에 의해서 편집되었다. 믿음의 진리 (veritas fidei)는 성경에 여러 방식으로 널리 퍼져 있으므로 믿음의 진리를 끌어내기 위해서는 오랜 연구와 연습을 필요로 한다.

믿음의 진리를 알아야 할 사람들은 이 일을 할 수 없다. 더구나 직업에 종사하고 있는 사람들은 시간을 낼 수도 없다. 그러므로 성경의 본문들에서 명백한 것을 모아 요약 형태로 만들어 모든 사람들로 믿도록 제시해야 한다.

이 일은 교회의 고위 성직자들과 신학자들이 하는 작업이다. 평신도들은 이들의 가르침을 그대로 받기만 하면 된다.

이런 가르침은 복음의 선포로 말미암아 성령의 역사로 믿음에 이르는 것이 아니라 전문가가 연구해서 제시한 것을 믿기만 하면 된다는 것을 뜻한다. 이것은 부당하다.

둘째로 모든 신경들은 동일한 믿음의 진리를 가르친다.

토마스는 백성들에게 믿음의 진리를 열심히 가르쳐서 오류가 일어나지 못하게 해야 한다고 가르친다. 그렇지 않으면 단순한 사람들의 믿음은 이단들에 의해서 부패하게 되기 때문이다. 이런 이유로 여러 신경들을 편집하지 않을 수 없었다. 백성들로 오류에 들지 않도록 하기 위해서 신경들과 교리를 편집했으므로 교리를 찬동하는 것만으로 구원을 얻을 수 있다고 가르친다.

이것도 온전한 가르침이 못된다. 믿음은 교리에 대해 찬동하는 것으로 성립하는 것이 아니라 믿음고백으로 된다. 교리는 바른 믿음의 내용을 제시하여 믿음의 생활을 지도하는 역할을 한다.

셋째로 교회의 신앙고백이 신경에 전승되어 믿음이 통일된다는 것이다.

토마스는 교회의 신앙은 형성된 믿음이라고 규정한다 (Fides autem Ecclesiae est fides formata; ST, III, quaestio1 art.9). 교회의 믿음을 형성된 믿음이라고 하는 근거로 그리스도에 의해 전체교회의 머리로 세워진 교황 (summus pontifex)에게 이 신경을 편집할 권위가 귀속되었기 때문이라는 것이다 (Cum summus pontifex caput sit totius Ecclesiae a Christo institutus, ad illum maxime spectat symbolum fidei edere; Hoc autem pertinet ad auctoritatem summi pontificis,; ST, III, quaestio1 art.10).

이 가르침도 정당하지 못하다. 교리는 교황에 의해서 작성되었기 때문에 무류한 것이 아니다. 교리는 성경에 근거해서 성경에 맞게

조직되었을 때만 무오하다. 교황이 정한 교리는 성경과 합치하지 않는 것이 많다. 무작정 교황이 정한 교리를 따르는 것은 바른 믿음이 아니다. 성경의 가르침대로 믿어야 바른 믿음이다.

5.2.1.3. 비형성된 믿음

토마스는 교회원들의 신앙은 비형성된 것 곧 잠재신앙이라고 주장한다. 비형성된 믿음은 온 교회의 회원들에게 공통이다. 그러나 비형성됨은 믿음의 실체에 속하지 않지만, 그 믿음도 거저 주시는 선물이기 때문이라고 주장한다 (Fides autem informis est communis omnibus membris Ecclesiae, quia informitas non est de substantia ejus, secundum quod est donum gratuitum.; ST, III, quaestio4 art.5).

그렇지만 토마스는 비형성된 믿음과 형성된 믿음이 종류가 다른 것이 아니라고 말하였다 (ST, III, quaestio4 art.5). 동일한 믿음은 변하는 것이 아니라는 것이다. 비형성된 믿음과 형성된 믿음은 하나이고 동일한 태도 (habitus)라고 가르친다 (ST, III, quaestio4 art.4).

토마스의 믿음 정의에 있어서 주목할 점은 믿음은 태도라고 정의한 것이다.

5.2.1.3.1 비형성된 신앙도 하나님이 주신 것

토마스는 비형성된 믿음의 태도가 하나님에 의해서 주입된다고 말한다 (succedit alius habitus fidei informis a Deo infusus; ST, III, quaestio4 art.4). 비형성된 믿음의 원인이 하나님이시므로 그 믿음도 하나님의 선물이라고 한다 (ideo illud est causa fidei informis, quod est causa fidei simpliciter dictae, hoc autem est Deus; Ergo fides informis est donum Dei. ST, III, quaestio6 art.2).

토마스는 가르치기를 비형성된 믿음으로는 구원에 이르지 못한다고 하면서도 비형성된 평신도들의 믿음과 형성된 교회의 믿음이 결국은 동일하다고 한다.

교회의 가르침을 따르는 것을 믿음이라고 하면서 갑자기 믿음을 하나님의 선물로 비약시키고 있다.

5.2.1.4. 믿음: 찬동으로 사고하는 것

토마스는 믿음은 찬동으로 사고하는 것이라고 규정한다 (Credere est cum assensu cogitare; ST, III, quaestio2 art.1). 사고하는 것은 지성의 심사숙고라고 말하면서 (Alio modo dicitur cogitare magis proprie consideratio intellectus; ST, III, quaestio2 art.1) 이런 숙고가 형성된 믿음이라는 것이라고 한다. 그래서 믿음을 지성의 완전함으로 정의한다 (Cum autem fides sit perfectio intellectus; ST, III, q4a4).

지성은 확고한 찬동이 없이는 형성되지 않은 사고를 갖는다. 따라서 믿음은 찬동으로 사고하는 것이라고 반복한다 (ibidem). 곧 믿음은 주체 안에 있는 만큼 지성 안에 있다 (ut fides······sit in intellectu tanquam in subjecto.; ST, III, quaestio4 art.2).

찬동으로 사고하는 것은 형성된 (formata) 것이지만 확고한 찬동 없는 사고는 비형성된 것이라고 한다 (quidem cogitationem informem absque firmat assentione; ST, III, q2a1).

이 가르침에 의하면 지성으로 교리를 확실하게 사고할 수 없는 사람들은 비형성된 믿음을 갖고 있으므로 구원의 확실성이 있을 수 없다는 것이 된다.

5.2.1.5. 명시적 신앙 (explicita fides)

토마스에 의하면 그리스도의 성육신을 아는 것이 명시적 신앙이다. 사람들이 지복(至福)에 이르는 길은 그리스도의 성육신과 고난의 신비에 대해서 명시적 신앙을 갖는 것이라고 제시한다.

그런데 죄인의 신분이 되기 이전에도 사람은 그리스도의 성육신에 관하여 명시적인 신앙을 가졌다는 것이다 (Nam ante statum peccati homo habuit explicitam fidem de Christi incarnatione, secundum quod ordinabatur ad consummationem gloriae,; ST, III, q2a7).

또 범죄 후에도 그리스도의 성육신의 신비가 명시적으로 믿어졌다고 제시한다 (Post peccatum autem fuit explicite creditum mysterium incarnationis Christi,; ibid). 은혜가 계시된 후에는 미성년자들보다 성장한 사람들이 성육신의 신비에 대해서 명시적인 신앙을 가진다고 토마스는 주장한다.

토마스는 계시가 주어지기 전에도 중보자를 믿는 믿음 없이는 구원받지 못하였다고 가르친다. 그들은 명시적인 신앙은 가지지 않았어도 신적 섭리에 대한 잠재적인 신앙은 가졌다는 것이다 (Si qui tamen salvati fuerunt quibus revelatio non fuit facta, non fuerunt salvati absque fide Mediatoris; quia etsi non habuerunt fidem explicitam, habuerunt tamen fidem implicitam in divina providentia,; ST. III, q2a7).

이런 그리스도의 성육신의 신비가 그리스도 이전에도 어른들에 의해서는 명시적으로 믿어졌지만, 미성년자들에게는 감추어져서 어둡게 믿었다고 한다 (ST, III, q2a8). 또한 그리스도의 강생 이전에는 삼위일체가 은밀하게 믿어졌는데 그리스도에 의해서 분명히 밝혀졌다는 것이다 (ibid).

만약 토마스의 주장처럼 그리스도의 성육신이 타락 이전에도 명시적으로 믿어졌다면 타락과 무관하게 성육신이 이루어졌다는 것을 전제한다. 이것은 전적으로 성경 교리와 배치된다.

또 범죄 후에도 성육신의 교리가 믿어졌다면 그리스도의 구속사역이 필요 없게 된다. 왜냐하면 토마스는 명시적인 신앙이란 그리스도의 성육신의 신비를 믿는 것이라고 제시하기 때문이다. 그런 정의대로라면 그리스도의 구속사역이 이루어지지 않았어도 또 구속사역을 믿지 않아도, 성육신 교리만 믿으면 명시적인 신앙이 되기 때문이다. 이것은 합당한 전개가 아니다.

5.2.1.5.1. 비형성된 신앙=잠재신앙

토마스는 불완전한 믿음 곧 잠재신앙을 비형성된 신앙 (fides informis)이라고 한다. 비형성된 신앙과 형성된 신앙 (fides formata)은 의지에 관련해서 이루어지는 것으로 토마스는 판정한다. 비형성된 신앙과 형성된 믿음은 같은 것이고 또 동일한 태도라고 한다 (Fides informis et fides formata unus et idem habitus est). 그리하여 비형성된 믿음이 형성된 믿음이 된다고 한다 (Unde ipsamet fides informis fit formata.; ST; III, q4a4).

믿음을 형성된 믿음이나 산 믿음으로 만드는 것은 믿음의 본질에서 나온 것이 아니라고 한다. 형성된 믿음이나 비형성된 믿음이

나 믿음의 본질은 바뀌지 않고, 다만 믿음의 주체 곧 영혼만이 바뀐다고 한다 (ibidem). 그러나 형성된 믿음이 오면 비형성된 믿음은 떨어져 나간다고 제시한다 (sed adveniente fide formata, tollitur fides informis.; ST, III, q4a4).

위와 같은 토마스의 가르침대로는 비형성된 신앙은 잠재신앙이다. 그러나 비형성된 신앙이 형성되어도 신앙의 본질은 바뀌지 않고 영혼만 바뀌는 것이라면 믿음은 진리와 무관한 것이 되고 만다. 이것은 성경진리와 배치된다.

5.2.1.6. 믿음은 공로적: 자유의지에서 나왔으므로

토마스는 또 믿음을 공로적 (功勞的)이라고 주장한다. 왜냐하면 믿는 것은 지성이 신적 진리에 찬동하는 행동이므로 믿음이 공로적 행동인 것이 명백하다는 것이다 (Cum credere sit actus intellectus assentientis divinae veritati……patet hinc credendi actum meritorium esse.; ST, III, quaestio2 art.9). 왜냐하면 찬동하는 일이 의지의 역사로 이루어졌기 때문이라는 것이다.

토마스는 믿음의 행동이 비록 하나님에 의해서 은혜로 움직여졌어도 자유의지에서 나온 한은 공로가 된다고 주장한다 (actus nostri sunt meritorii, inquantum procedunt ex libero arbirtrio moto a Deo per gratiam.; ST, III. quaestio2 art.9; q4a5).

토마스는 이런 진술을 반복한다. 인간의 모든 행동은 자유의지에 종속하되, 하나님에게 관련되면 공로적일 수 있다고 한다 (Unde omnis actus humanus, qui subjicitur libero arbitrio, si sit relatus in Deum, potest meritorium esse.; ST, III, q2a9).

하나님을 믿는 것도, 은혜로 말미암아 움직여진 의지의 명령에 따라서 신적 진리에 찬동하는 행동이다. 그런데 이 행동이 하나님에게로 방향이 설정되어 있으면서 의지를 따르면 공로적이 된다. 그러므로 믿음의 행동은 공로가 된다는 것이다 (ibid).

토마스의 가르침대로 믿음이 신적 진리에 찬동함에서 나왔으면 그것은 형성된 믿음이다. 그러나 찬동은 자유의지가 했으므로 공로가 된다. 여기의 요점은 믿음이 공로가 되는 것은 자유의지가 믿음의 행동을 일으켰기 때문이라는 것이다.

토마스는 잠재신앙이 하나님의 선물이라고 하면서도 자유의지가 신적 진리를 찬동하면 공로가 된다고 가르친다. 이것은 모순된 주장일 뿐이다.

5.2.1.7. 의롭다 함: 덕으로 이루어짐

토마스에 의하면 사람은 덕으로 말미암아 의로워진다. 왜냐하면 의는 온전한 덕이기 때문이다 (quod homo per virtutes justificatur; nam justitia est tota virtus,; ST, III, quaestio4 art.5). 형성된 믿음이 완전한 행동의 원리인데 이 믿음이 덕이며, 비형성된 믿음은 덕이 아니라고 결론한다 (Cum fides formata sit principium actus perfecti, virtus necessario est; non autem fides informis.; ST, III, q4a5).

또 태도가 선한 행동의 원리인데 태도를 인간의 덕이라고 말할 수 있다. 이런 태도가 형성된 믿음이다 (Unde quicumque habitus est semper prinicipium boni actus, potest dici virtus humana. Talis autem habitus est fides formata.; ibid). 형성된 믿음이 곧 덕이다 (Et ideo fides formata est virtus.; ibid). 그러면서도 비형성된 믿음은 덕이 아니라고 한다.

토마스는 의롭다 함을 얻는 것이 사람의 덕으로 이루어진다고 가르친다. 믿음으로 죄용서를 받아 의롭다 함을 받는 것이 아니고 자유의지의 작용에 의해서 이루어진다고 하면 구원은 전적으로 인간의 공적에 의해서 획득된 것이다.

이것은 은혜의 역사를 전적으로 부정하는 일이다.

5.2.1.8. 형성된 믿음: 사랑으로 형성

토마스에 따르면 믿음이 사랑으로 형성되는 한에서는 (inquantum fides formatur per charitatem,), 선한 것에 대한 성향을 가진다 (habet etiam ordinem ad bonum,; ST, III, quaestio4 art.5). 사랑이 믿음의 형식이기 때문이다 (Charitas est forma fidei.; ST, III, q4a3).

이런 믿음은 무오한 신적 말씀에 의존하므로 덕이 될 수 있다. 그러나 비형성된 믿음은 완전하지 못하므로 덕이 못된다. 덕은 일종의 완전이기 때문이다. 사랑의 선행으로 잠재신앙이 명시적 믿음 곧 구원하는 믿음 (fides salvifica)이 된다고 주장한다 (ibid).

토마스에 의하면 잠재신앙이 사랑의 선행으로 형성된 믿음 곧 구원하는 믿음이 된다. 사랑의 선행으로 구원을 얻는다면, 구원은 전적으로 인간의 공로에 의해서 정해지고 은혜의 역사는 다 없어진다. 은혜는 그냥 돕는 수준이고 본성이 행한 것이 공로가 되면, 은혜의 역사는 완전히 뒤로 제치는 것이 된다.

5.2.1.9. 선행으로 영생을 얻음

토마스는 의인은 선한 행위들로 영원한 생명을 얻는다고 주장한다. 의인은 선행들로 말미암아 합당하게 영생을 획득할 수 있다. 선행들이 하나님에 의해 움직여져서 행해진 한에 있어서 그러하다는 것이다 (justus autem homo per opera sua bona, quatenus movente Deo facta sunt, vitam aeternam de condigno mereatur; ST, II, quaestio114 art.8).

공로적인 행위로 사람은 은혜의 증가를 획득한다. 그것은 은혜의 완성 곧 영생을 얻는 것과 같다는 것이다 (quod quolibet actu meritorio mereretur homo augmentum gratiae, sicut et gratiae consummationem, quae est vita aeterna; ST, II, q114a8).

선행으로 사람은 은혜의 증가와 은혜의 완성 곧 영생까지 획득한다. 그러나 영생은 즉각 돌아오는 것이 아니고 자기의 때에 주어진다 (ibid). 영생은 선행에 곧장 따라오는 것이 아니므로 공로로 인내를 획득해야 한다고 토마스는 말한다.

만일 어떤 사람이 공로로 획득한 것이 죄로 방해받지 않으면 하나님에 의해 보답 받는다 (omne quod quis meretur, a Deo consequor, nisi impediatur a peccato). 더구나 어떤 사람이 인내를 획득하면, 하나님은 죄로 떨어지는 것을 허용하지 않으신다 (ita quod si aliquis perseverantiam mereretur, Deus non permitteret illum cadere in peccatum; ST, II, q114a9).

더구나 삶의 인내는 은혜의 결과가 아니라 은혜의 원인이요 오히려 원리이다 (Cum perseverantia viae non sit effectus gratiae, sed causa potius principium). 삶의 인내가 공로에 들지 않지만 하나님의 역사에 의존한다고 토마스는 주장한다.

토마스의 가르침에 의하면 잠재신앙이 구원하는 믿음이 되는 것은 사랑의 선행으로 된다. 따라서 구원과 영생은 공로가 되는 사랑의 선행으로 획득한다. 인내하여 영생을 얻는데 인내가 오히려 은혜를 받게 하는 원인이 되면 구원은 전적으로 인간의 획득사항이 된다.

5.2.1.10. 자유의지의 결정으로 선으로 기울음

토마스에 의하면 사람은 본성적으로 선이나 악으로 굽힐 수 있는 자유의지를 갖는다. 누구나 하나님으로부터 선에 인내함을 얻을 수 있다.

다른 면으로는 인내는 사람을 끝까지 선으로 기울게 하는 신적 운동으로부터 온다. 그러나 영광의 인내는 공로에 들지만 삶의 길의 인내는 공로에 들지 않는다는 것이 분명하다고 한다. 왜냐하면 이 인내는 전적으로 신적 운동에 의존하기 때문이다. 이 신적 운동이 모든 공로의 시작이다. 그러면서도 하나님은 인내의 선을 그가 원하는 자에게 거저 후히 베푸신다고 주장한다 (perseverantia autem viae non cadit sub merito, quia dependet solum ex motione divina, quae est principium omnis meriti. Sed Deus gratis perseverantiae bonum largitur cuicumque illud largitur; ST, II, q114a9).

그러나 어떤 사람이든 하나님에게 인내를 청구하여 그 인내를 자신이나 다른 사람을 위해서도 얻을 수 있다고 한다 (ibid.). 왜냐하면 하나님은 죄의 용서를 구하는 죄인들을 들으시기 때문이라는 것이다. 그러나 죄의 용서는 공로로 획득할 수 없다 (ST, II, q114a9)고 한다.

결국 은혜는 돕고 자유의지의 결정으로 잠재신앙도 구원하는 믿음이 된다. 또 은혜의 도움으로 자유의지는 선행으로 말미암아 영생도 획득한다. 그러면서도 죄의 용서는 공로로 얻지 못한다고 하는 주장은 일관성이 없다.

5.2.2. 로마교회의 전통적 가르침

종교개혁자들은 믿음으로만 구원 얻음을 강하게 주창하고 그것을 교리화하였다. 이신칭의 교리가 종교개혁의 결실이다.

이 종교개혁의 가르침에 로마교회는 강하게 반대하였다. 교황청은 트렌트 공회의 (concilium Tridentinum, 1545-63)를 열어 믿음으로만 구원 얻음을 강하게 정죄하고 믿음과 선행을 합해야 구원을 얻는다고 확정하였다. 하나님이 은혜를 주시지만 사람은 자유의지를 갖고 있으므로 공로의 성격을 갖는 선행을 할 수 있고, 선행을 더함으로 완전한 구원을 얻는다고 하였다.

여기서 트렌트 공회의의 결정을 따라 믿음과 행함의 관계를 제시한 슈마우스 (Michael Schmaus)의 전개를 살펴보고자 한다.

5.2.2.1. 믿음은 구원에 불충분: 믿음은 칭의의 준비단계

로마교회의 한결같은 주장은 믿음만으로는 구원을 얻을 수 없고 별도의 행동들이 있어야 한다는 것이다.

트렌트 공회의는 단언하기를 종교개혁이 주장하는 믿음은 신뢰믿음 (Vertrauensglaube)으로 그 자체로는 의롭다 함의 충분한 준비가 아니라고 하였다. 그런 믿음은 죽은 믿음이다. 그러므로 의롭다 함에는 믿음과는 별도의 행동들이 요구된다 (Tridentinum, 6 caput 6 sessio; Michael Schmaus, Katholische Dogmatik, III/2; 1956; 333)고 결정하였다.

그러면 믿음은 구원 얻음에 어떤 자리를 갖는가? 믿음은 의롭다 함을 얻기 위한 준비일 뿐이다. 믿음은 칭의의 준비행동에 해당한다 (Schmaus, KD, III/2, 306).

신뢰신앙은 의롭다 함에 불충분하다. 내용 있는 고백신앙이 칭의에 이르게 한다. 의롭다 함은 신뢰로만은 안 되고 이것을 배제한다고 주창한다 (KD, III/2, 306, 307, 308). 믿음은 의가 아니고 의의 준비이다. 그러므로 믿음에 의한 의는 생소한 의 (justitia aliena)일 뿐이다. 그런 의는 사람 밖에 있고 내적으로 형성된 것이 아니라고 트렌트는 결정하였다 (KD, III/2, 308).

종교개혁은 믿음으로만 의롭다 함과 죄용서를 받는다고 주장하여 공로나 행함은 무익한 것일 뿐이라고 확정하였다.

로마교회는 이 주장을 정면으로 반박하여 믿음으로만 아니고 우리의 행위가 하나님이 우리를 받으시는 근거라고 한다. 곧 신뢰믿음만으로는 의가 내 것이 되지 못한다는 것이다.

5.2.2.2. 믿음은 시작과 준비이고 행함이 구원에 필수적

5.2.2.2.1. 믿음은 준비이고 사랑의 열매가 있어야 구원 얻음

트렌트 공회의는 행위들이 의롭다 함에 필수적이라고 하여 사랑의 행동이 믿음에 더해져야 한다고 주장하였다. 사랑의 덕은 의롭다 함의 준비이고 칭의의 열매가 아니라고 하였다 (Schmaus, KD, III/2, 309).

그리고 종교개혁 교리를 정면에서 반박하여 신뢰믿음으로는 의롭다 함을 받지 못한다고 정하였다. 세례 전에 회개해야 하고 또 하나님의 계명들을 지켜야 한다 (KD, III/2, 306, 308). 신뢰신앙은 의롭다 함에 결코 충분하지 못하다는 것이다 (KD, III/2, 315).

믿음은 그리스도에게로 인도하는 길의 시작이고 끝이 아니다. 곧 믿음은 구원의 시작이고 의롭다 함의 뿌리와 기초이다. 칭의를 준비하는 믿음은 하나님에게로 돌이킴이고 또 사랑으로 채워져야 한다. 사랑 없는 믿음은 공허하다고 결정하였다 (KD, III/2, 317, 318).

믿음은 준비일 뿐이다 (KD, III/2, 318). 또 믿음은 칭의로의 성향이다. 믿음은 칭의를 위한 준비 곧 하나님을 받으려는 준비 (Empfangsbereitschaft)이다. 믿음은 의롭다 함의 시작이고 출발점일 뿐이다. 따라서 믿음은 기초이다 (KD, III/2, 322).

믿음에 참회, 떨림, 시작하는 사랑, 의와 또 다른 행함들은 믿음의 수행방식이고 현현형식이다 (KD, III/2, 322). 소망과 사랑 없이는 믿음은 영생을 주지 못한다고 트렌트는 결정하였다.

5.2.2.2.2. 믿음만으로는 안 되고 계명들을 지켜야 영생 얻음

계명들을 지킴이 그리스도 앞에서 영생을 얻게 한다. 믿음만으로는 하나님 앞에 상속자로 세워질 수 없다. 하나님은 할 수 없는 것을 명령하지 않으신다. 하나님의 도움으로 그의 말씀들을 수행할 수 있다고 트렌트는 결정하였다 (Schmaus, KD, III/2, 324).

요약하면 은혜의 도움을 받아 본성이 선행을 행하여 구원을 얻는다는 토마스의 주장을 반복하고 있다.

5.2.2.3. 믿음에 회개의 열매가 있어야 함

5.2.2.3.1. 믿음과 회개의 열매로

트렌트 공회의는 결정하기를 믿음은 구원의 기초이고 회개는 구원의 도구적 원인이라고 하였다. 회개하고 열심히 일해야 한다. 하나님을 기쁘게 하는 애통을 가져야 하고 회개의 열매를 가져야 한다 (Schmaus, KD, III/2, 326). 믿으면 회개로 방향이 정해진다. 반면 회개는 믿음의 구체화이다. 회개하고 세례 받음으로 구체적으로 가시적이 된 믿음을 갖는다. 세례 받음에서 개인의 믿음이 구체화된다. 곧 회개는 믿음의 표시이고 믿음을 선포하는 것이다 (KD, III/2, 330). 믿음과 회개는 구원준비의 두 방식이다. 믿음은 세례로 완성되고 회개는 믿음으로 말미암아 정초된다고 주장한다 (KD, III/2, 332).

5.2.2.4. 신뢰믿음은 불충분: 선한 행동들 필요

이런 믿음과 구원관 때문에 트렌트 공회의는 신뢰믿음은 그 자체로 의롭다 함을 얻게 하지 못한다고 정죄하였다. 칭의를 받으려면 믿음과 행위들이 요구된다고 천명하였다. 칭의를 준비하는 행위과정이 있다. 그것은 바로 참회와 두려움과 신뢰와 소망과 시작하는 사랑과 회개이다 (Schmaus, KD, III/2, 333). 그리스도도 사랑을 의롭다 함의 근거로 언급하였다고 한다. 하나님 사랑과 이웃 사랑을 언급하였고 또 통회와 회심을 말했다고 한다.

행함으로 구원 얻는다고 하는 트렌트 공회의의 결정은 전적으로 비성경적이다. 행함으로는 결코 구원 얻을 수 없고 오직 주 예수를 믿음으로만 구원 얻는다.

5.2.2.5. 행함 없는 믿음-죽은 믿음

트렌트 공회의는 야고보는 믿음의 불충분성을 증거하여 행함 없는 믿음은 죽은 믿음이라고 단정하였다 (약 2:17)고 인용한다. 곧 행함이 없는 믿음은 죽은 것이며 사람을 구원하지 못한다고 하였다는 것이다.

이에 따라 로마교회는 믿음은 행함으로 완성된다고 주장한다. 그러므로 사람은 행함으로 의롭다 함을 받는다. 왜냐하면 행함 없는 믿음은 죽은 것이기 때문이라고 결론하였다 (Schmaus, KD, III/2, 334-5).

또 주장하기를 행함이 없는 믿음은 빈 믿음이다. 가장 정확한 정통신앙도 사랑이 없으면 아무 쓸모가 없다. 이런 믿음은 머리로 믿는 것이다. 추상적으로 그리스도의 말씀을 참이라고 여기는 것일 뿐이다. 그러므로 이런 믿음은 빈 믿음이라고 단정하였다 (KD, III/2, 335). 사랑으로 역사하는 믿음만이 가치를 가진다고 단언하였다 (KD, III/2, 335).

5.2.2.6. 행함으로 칭의

트렌트의 결정에 따르면 믿음만은 죽은 믿음이다. 의롭다 함은 믿음에서 나오지 않고 행함에서 나온다. 행함에서 칭의가 나온다고 단정하였다 (Schmaus, KD, III/2, 336).

5.2.2.6.1. 자유의지의 역사로

그러면 왜 믿음만으로 구원에 이르지 못하고 행함을 더해야 완전한 믿음이 되고 구원에 이른다고 주장하는가? 그것은 바로 로마교회가 그렇게도 소중히 여기는 인간의 자유의지 교리 때문이다.

트렌트 공회의는 루터와 칼빈 등 종교개혁자들은 하나님의 전유적 사역만 강조한다고 비난하였다. 그러나 은혜는 충분하지만 의지의 저항으로 역사하지 못하는 것은 자유의지를 증거한다는 것이다.

그뿐만 아니라 사람의 자유의지는 하나님에게서 온 운동에 저항하기까지 역사한다는 것이다 (Schmaus, KD, III/2, 339, 340).

5.2.2.7. 범죄로 자유의지가 상실되지 않았음

트렌트 공회의는 다음과 같이 확정하였다 (5 canon 6 sessionis concilium Tridentinum). 곧 아담이 범죄한 후에 사람의 자유의지가 상실되고 사라졌다고 주장하는 자는 배제된다 (Schmaus, KD, III/2, 341)고 결정하였다. 사람이 자유를 잃을 수 없는 이유로 시리아인 에브라임을 인용하였다. 곧 하나님이 사람을 창조하실 때 그에게 자유를 수여하심으로 창조된 신 (神)으로 만드셨다는 것이다. 하나님은 사람에게 자유를 수여하심으로 자기의 의지를 따라서 걷도록 하셨다 (KD, III/2, 343)고 선언하였다.

하나님은 사람을 자유존재로 만드시고 그에게서 영원히 자유를 빼앗지 않으신다는 것이 로마교회의 근본 교리이다 (KD, III/2, 248). 이 교리 때문에 로마교회는 사람의 자유를 부정할 수 없다고 한다. 또 하나님이 자유의지의 수행을 확실하게 보장하신다는 것이다 (KD, III/2, 275).

5.2.2.8. 인간본성의 전적 부패가 아님

5.2.2.8.1. 은혜 없이도 도덕적 선을 행할 수 있음

트렌트의 결정에 의하면 구원 얻는 일에 은혜의 필요성을 말한다고 해서 사람이 뿌리까지 썩었다는 것을 뜻하지 않는다는 것이다 (Schmaus, KD, III/2, 279). 원죄도 인간본성을 전적으로 부패하게 한 것이 아니다. 은혜는 본래 인간의 본성의 한 요소에 속한다. 그러므로 자유는 강압 아래서도 다치지 않는다고 강변한다 (KD, III/2, 281).

사람은 은혜 없이도 하나님의 존재를 인식하고 윤리적인 선을 행할 수 있다. 타락한 인간도 은혜 없이 도덕적 선을 행할 수 있다는 것이다. 따라서 선으로의 의지의 성향, 의지의 자유가 사람에게 남아 있다 (KD, III/2, 282)고 단언하였다. 곧 자유의지는 상실되지 않았다는 것이다.

5.2.2.9. 사람은 자유의지로 하나님을 저항하고 자기의 일을 결정

로마교회는 사람의 자유의지는 하나님에게서 온 운동에 저항하기까지 한다고 주장한다. 그러므로 하나님이 부르실 때 자유로운 결단으로 대답하거나 거부할 수 있다. 심지어 효력 있는 은혜의 영향 아래서도 사람은 자유롭다 (Schmaus, KD, III/2, 341). 곧 자유의지는 온전하다는 것이다. 죄의 영향으로 사람이 하나님의 은혜에 저항하고 있다는 것을 로마교회는 부인하고 있다.

5.2.2.9.1. 자유의지로 하나님도 반항함

트렌트 공회의는 하나님의 역사하심과 사람의 자유에 대해서 더 역설적으로 전개한다. 사람은 자유하므로 하나님을 반항할 수 있다. 하나님이 사람을 담지하므로 하나님에게 반항할 수 있다는 것이다 (Schmaus, KD, III/2, 357, 363).

아담의 범죄 후에도 사람은 자유의지를 잃지 않았다. 그러므로 사람이 자기의 길을 그릇 행하는 것이 사람의 힘에 있는 것이 아니라고 하거나, 선한 행실이나 악한 행실을 하나님이 하신다고 주장하는 자도 배제된다고 트렌트 공회의는 정하였다. 또 종교개혁은 사람이 단독으로 일하시는 하나님의 부자유한 도구라는 의견을 대변한다고 하면서, 성경은 은혜의 힘과 사람의 자유를 증거한다고 결정하였다 (5, 6 canones, 6 sessio, concil. Trident.; KD, III/2, 341).

5.2.2.10. 구원에 하나님과 사람이 함께 역사

트렌트의 결정에 따르면 하나님이 일을 시작하시지만 사람은 스스로 자기의 행동과 결정을 한다. 그러면서 하나님의 일하심을 저항하지 않도록 조심해야 한다고 주장한다. 더구나 교부들은 하나님의 역사하심과 사람의 자유의지를 같이 강조하였다고 제시한다 (Schmaus, KD, III/2, 342).

그리하여 하나님의 일하심과 사람의 행동함이 동시에 성립한다고 주장한다. 하나님이 행동을 시작하여도 사람도 자기의 자유로운 결정에 의해 행동을 자기에게서 시작한다. 그래서 트렌트 공회의는 유효한 은혜의 존재와 인간의지의 자유를 동시에 가르쳤다 (KD,

III/2, 344).

더구나 구원과정에서 하나님이 사람과 함께 일하기로 정하셨다는 것이다. 그러면서도 구원사건에서 하나님과 사람이 함께 일함이 신비라고 말한다 (KD, III/2, 351-2).

결국 이런 가르침은 하나님이 시작하시지만 최종 결정은 사람이 한다고 주장하는 것일 뿐이다.

5.2.2.11. 자유의지가 계시 진리이므로 자유 소홀 불가

5.2.2.11.1. 하나님의 주권적 사역과 사람의 자유의지 다 보존

트렌트의 결정에 의하면 사람의 자유는 계시 진리라는 것이다. 이 자유를 소홀히 하는 자는 사람에 대해서도 실패하고 또 그를 창조하고 계시하신 하나님에 대해서도 잘못한 것이라고 한다. 하나님만 생각하고 사람의 자유는 전혀 생각하지 않는 자는 하나님의 크심에 불의를 행하는 것이다. 그러므로 하나님의 주권성과 사람의 자유를 둘 다 보존해야 한다 (Schmaus, KD, III/2, 352, 354)고 결정하였다.

5.2.2.11.2. 자유로 선행을 하도록 하나님이 창조

트렌트의 결정에 의하면 하나님은 사람이 자유로이 선을 실행하도록 창조하셨다. 그러므로 사람은 자유로 선을 실현하면서 자기 자신을 실현한다. 자유는 선택의 자유로만 가능하다. 사람이 악을 결정하는 것은 자유의 의미 있는 실현이 아니고 자유의 오용이라고 말한다 (Schmaus, KD, III/2, 355).

은혜는 우리를 자유의 수행으로 나아가게 한다. 우리의 행함을 일으키시는 하나님은 우리의 자유를 방해하는 것이 아니라 우리의 자유의 보증이시다. 곧 하나님의 전적인 사역으로 우리의 자유가 위험해지는 것이 아니라 오히려 확고하게 된다. 다시 말하면 하나님의 사역은 하나님의 자녀들의 자유를 목표로 하고 이루어진다고 단언한다 (KD, III/2, 356).

이런 가르침은 하나님의 주권적 사역도 다 인간의 자유의지에 종속시키는 것이다.

5.2.2.12. 트렌트 공회의는 칼빈의 선택과 유기 교리를 배척

트렌트 공회의는 종교개혁자들에 대한 비평과 자기들의 결정을 나란히 세웠다. 가령 칼빈이 사람들을 선택자와 유기자로 나누고 선택받은 자들이 열심히 이룬 선행은 단지 영원한 구원을 지시하는 것뿐이라는 것을 배척하였다. 또 의롭다 함의 은혜가 생명으로 예정된 자들에게만 해당하고, 부름 받았으나 은혜는 받지 못한다고 주장하는 자는 배제된다고 정하였다 (canon 17; Schmaus, KD, III/2, 358).

5.2.2.12.1. 하나님의 만인 구원의지: 무조건적 확실성은 부정

로마교회는 하나님이 만인 구원의지를 가지셨다고 확정하였다. 하나님은 자유 안에 있는 사람을 사랑하신다. 사람의 존엄성을 존중하시고 아무도 강요하지 않으신다. 하나님은 각 사람이 구원받기를 원하신다. 그러나 어떤 사람도 구원으로 강요하지 않으신다. 곧 하나님은 사람에게 자기의 의지를 강제적으로 관철하지 않으신다. 만일 사람이 강력하게 하나님의 사랑에서 벗어나면 하나님은 사람에게 의지를 허용하신다. 하나님은 사람이 실질적으로 구원을 획득하도록 준비하기를 원하신다. 사람이 준비하여 구원을 획득하게 하신다. 그런데도 하나님은 모든 사람이 구원받기를 참으로 원하신다고 진술하였다 (Schmaus, KD, III/2, 359).

그렇지만 트렌트 공회의는 영원구원으로의 예정은 거부하였다. 즉 사람이 자기가 선택되었다는 것에 대해서 무조건적인 확실성을 가진다는 것을 부정하였다 (KD, III/2, 366).

하나님은 모든 사람이 구원받기를 원하시지만, 은혜에 저항하지 않는 자만 구원으로 인도하신다. 곧 영원한 생명으로 들어가기 원하는 자에게만 영생이 주어진다. 악에 머무르는 자는 구원에서 제외되고 구원을 위해 준비한 사람만 구원에 이른다고 한다 (KD, III/2, 367, 369, 372).

이처럼 트렌트 공회의는 만인구원설과 준비된 사람만 구원받는다는 역설적인 주장을 하였다.

5.2.2.13. 선행은 공로

종교개혁자들은 세례 받은 자가 맺는 열매는 그의 새로운 신분의 표현이고 성취라고 가르쳤다.

이에 대해서 트렌트 공회의는 단호하게 이 열매는 초자연적 가치 곧 공로라고 말한다. 그래서 공회의는 의롭다 함을 받은 자들의 선행은 하나님 앞에 참으로 공로라고 확정하였다.

하나님이 공로를 갚아주기로 약속하셨다는 것이다. 하나님은 선행들을 잊지 않으시고 높은 상을 주신다. 따라서 영생을 바라고 하나님을 소망하는 자들에게 상급을 주신다. 하나님은 선행과 공로들에 대한 약속을 신실히 지키신다 (Schmaus, KD, III/2, 411-2). 곧 선행들에 대해서 하나님은 영생으로 갚으신다고 정하였다 (KD, III/2, 413). 하지만 선행에 대한 하나님의 상급이 은혜라는 것도 강조한다(KD, III/2, 417, 418).

    로마교회의 가르침은 하나님이 선행을 공로로 여겨 영생으로 갚으신다는 것이다. 곧 사람이 자유의지로 선행을 하여 구원을 획득한다는 것이다.

제6장

의롭다 하심 (稱義, Justificatio)
(죄용서 곧 죄과의 제거와 영생을 보장함; 하나님의 아들이 됨)

제1절 의롭다 하심

6.1.1. 의롭다 하심

하나님은 반역한 백성을 다시 돌이켜 자기의 백성으로 삼기로 하셨다. 반역한 백성을 돌이키기 위해 하나님은 예수 그리스도의 죽음을 화목제물로 정하셨다 (롬 3:25; 5:10-11; 고후 5:18; 엡 2:16; 골 1:20, 22; 요일 2:2; 4:10).

그리하여 그의 죽음을 화목제사로 믿고 받으면, 그들의 반역을 무효화하고 죄과를 제거하기로 하셨다. 죄과를 제거하는 것은 죄짓지 않은 것과 같다. 죄과 제거가 바로 의이다.

6.1.1.1. 주 예수를 믿는 믿음이 의

하나님은 사람이 주 예수를 자기의 유일한 구주로 믿는다고 고백하면 그 믿음을 받으시고 그를 의롭다고 하신다 (롬 3:22; 10:10).

피 흘리신 주 예수 그리스도를 믿으면 의롭다 하기로 정하셨기 때문에 (롬 3:24-26; 4:23-25; 5:6-9), 하나님은 믿는 자들을 의롭다고 하셨다 (롬 5:1; 3:22-24). 왜냐하면 주 예수를 믿음은 예수 그리스도가 대신 갚은 죗값을 내가 갚은 것으로 받는 것이기 때문이다.

유대인들은 의롭다 함을 얻기 위하여 열심히 율법을 지켰지만 의를 얻을 수가 없었다 (롬 2:17-29). 반면에 하나님은 율법을 지키지 않아도 믿기만 하면 의롭다 하기로 정하셨다. 이것은 전적으로 하나님의 은혜 혹은 선물이다 (롬 3:24; 엡 2:8-9; 고전 2:5).

주 예수의 죽음을 믿고 고백하는 자들은 아무 선행이나 율법을 행함 없이 단지 그 믿음 때문에 의롭다 함을 받는다 (롬 3:24, 26, 28, 30; 4:5; 5:1, 9; 8:30; 갈 3:24).

하나님이 정하신 대로 그리스도 예수의 죽음을 자기를 위한 속죄제사로 믿는 자들이 의롭다 함을 받는다. 이것이 믿음으로 의롭다 함을 받는다는 뜻이다.

6.1.2. 구속사역의 적용 (=의의 전가)

하나님은 예수 그리스도의 이름으로 부름 받은 자들을 의롭다 하신다. 부름 받은 자들을 그냥 의롭다고 하시는 것이 아니라 그들로 하여금 믿음을 고백하게 하셔서 의롭다고 하신다. 단지 주 예수를 믿는 믿음 때문에 (롬 3:21-22) 그들을 그리스도에게 연합된 자들로 보신다. 그리스도에게 연합된 자들이므로, 그가 당한 모든 고난과 행한 것을 부름 받은 자들이 당한 것으로 보고 그리스도와 일치시켜서 의롭다고 하시는 것이다. 곧 그리스도의 피 흘리심으로 이루신 죄용서를 죄인들에게 적용하여 그들을 의롭다고 하신다.

바울이 이 진리를 증거한다. "그리스도 예수 안에 있는 구속으로 말미암아 하나님의 은혜로 값없이 의롭다 하심을 얻은 자 되었느니라"(롬 3:24). 바울은 그리스도의 피 흘리심을 의라고 칭한다. "그러면 이제 우리가 그의 피를 인하여 의롭다 하심을 얻었은즉"(롬 5:9).

6.1.2.1. 그리스도의 피 흘리심을 적용하여 의롭다 하심

죄인은 의를 행할 수 없다. 죄인은 전혀 율법을 지킬 수가 없다(행 13:39; 롬 3:10-18, 20). 예수 그리스도가 피 흘리심으로 완전한 죄용서를 성취하셨다. 곧 그리스도는 피 흘리심으로 세상의 모든 죄를 다 속량하셨다(엡 1:7). 그리하여 완전한 의를 이루셨다. 그의 피로 죄를 완전히 제거함이 의이기 때문이다(롬 5:9). 곧 죄를 완전히 제거한 것은 죄짓지 않은 상태와 같다.

6.1.2.2. 그리스도가 율법준수로 이룬 의를 전가한 것이 아님

그리스도의 의의 전가라고 할 때 그리스도가 율법을 다 지켜서 얻은 의를 전가한 것으로 말해왔다. 그러나 이것은 합당한 신학이 아니다.

만일 그리스도가 율법을 다 지켜 의를 이루셨다고 하면, 그리스도인들도 율법을 다 지켜야 의롭다 함을 얻는다는 데 이르게 된다. 그리스도의 의를 율법의 완수에서 온 의로 말함은 합당하지 않다. 의의 전가라고 할 때 그리스도가 율법준수로 이룬 의를 우리에게 전가하시는 것으로 이해하기 때문이다.

그리스도의 의는 그가 피 흘려 이룬 죄용서를 말한다. 의의 전가를 그리스도가 율법준수로 획득한 의를 전가함이라고 하면, 그리스도의 피 흘리심으로 죄용서 하심 곧 의롭다 하심이 무효가 된다. 의롭다 하심을 얻는 것은 오직 그리스도의 구속으로만 된다 (롬 3:24).

그리스도는 율법수여자로서 율법을 완성하셨다. 그리스도는 율법의 요구 곧 율법을 범한 죗값을 갚으라는 요구를 성취하셔서 율법을 완성하셨다. 의문에 속한 계명의 율법을 자기 육체로 폐하셨다는 것은 율법을 지켜야 할 의무를 우리에게서 제거함을 말한다 (엡 2:15). 우리를 거스리고 우리를 대적하는 의문에 쓴 증서를 도말하시고 제하여 버리사 십자가에 못 박으신 것 (골 2:14)도 동일한 것을 말하고 있다. 율법을 지켜야 의를 얻는다는 의무를 우리에게서 제함을 뜻한다.

그리스도의 율법준수는 율법의 준수요구 곧 죗값을 갚으라는 요구를 성취하시므로 율법을 완성하신 것이다. 율법수여자만이 율법을 완수하시기 때문이다. 그리스도에 의해서 율법준수가 이루어지지 않았으면 율법준수의 요구가 늘 계속될 것이다.

그리스도는 자기의 의를 얻기 위해서 율법준수를 이루신 것이 아니다. 의는 생존권을 뜻하는데 그리스도가 율법을 다 지켜서 의를 획득했다고 하면 그를 죄인으로 만드는 것과 같다.

도덕적 칭의는 의롭다 함을 받을 자격을 갖추어서 의를 획득하는 것이다. 곧 고행과 선행을 행하여 의롭게 되어 의를 얻는 것이다. 이것은 율법준수로 의를 획득하는 것과 본질적으로 같다. 이런 일은 결코 할 수 없는 일이다 (행 15:10).

그리스도가 율법을 완전히 준수하여 의를 얻었으므로, 그 의를 우리에게 전가한다고 하는 가르침은 로마교회가 구성한 도덕적 칭의를 개신교식으로 각색한 것에 불과하다. 이 가르침을 계속하면 그리스도를 믿는 믿음으로 의롭게 된다는 구속의 도리와 전적으로 배치된다. 그리하여 자기 공로를 세워야 한다는 데로 돌아가게 된다. 오직 그리스도의 구속사역의 적용으로 의롭게 되는 것만 성립한다.

6.1.2.3. 그리스도의 의=그리스도가 피 흘리심으로 죄를 속량하심

그리스도의 의를 백성들에게 전가한다고 할 때 그것은 율법준수의 의를 말하지 않는다. 그리스도가 피 흘리심으로 백성들의 죄를 속량하심이 의이다. 그리스도의 의의 전가는 그가 피 흘려 이루신 죄용서를 적용하는 것을 말한다.

하나님은 그리스도의 의를 그리스도와 연합된 자들에게 전가하기로 하셨다 (롬 6:4-8). 이렇게 그리스도의 의를 죄인에게 전가하심으로 죄인을 의롭다 하기로 하셨다.

6.1.2.4. 의롭다는 선언=그리스도의 피 흘리심으로 이룬 죄용서를 적용하심

하나님이 죄인을 의롭다고 하실 때는 그리스도의 의 곧 구속사역을 죄인에게 전가하여서 의롭다고 선언하신다. 죄인에게는 아무런 의가 없다. 있는 것은 오직 죄뿐이어서 멸망과 저주밖에는 없다. 그런 죄인은 의롭다고 선언 받을 수가 없다.

그리스도의 의는 죽어 피 흘리심으로 죄를 용서하심이다. 이 피로 모든 죄인들의 죄를 다 용서하셨다. 그러므로 그리스도의 의 곧 구속사역을 죄인에게 적용하신다. 이로써 하나님은 죄인을 의롭다고 선언하신다.

죄인을 의롭다고 하심은 죄용서로 의인이 되었다는 선언이다.

6.1.3. 법정적인 선언

죄인을 의롭다고 하는 선언은 법정적인 행동 (actus forensis)이며 본성적인 행동 (actus physicus)이 아니다. 칭의는 하나님의 의를 사람 안으로 주입해 넣는 것이 결코 아니다.

6.1.3.1. 내적 변화가 아니라 사법적 선언

법정적인 선언으로 이루어지는 의롭다 하심은 죄인의 본성의 내적 변화로 이루어지는 것이 아니다. 하나님의 의를 사람 속으로 주입하는 것이 아니므로 내적으로 변화되는 것이 아니다. 그것은 외적 변화라고 해야 한다 (mutatio hominis exterior). 내적 변화가 일어나는 것이 아니고 외적인 신분의 변화이다. 즉 죄인을 의롭다고 하심은 사법적인 행동이다 (justificatio peccatoris est actus judicialis).

법정적인 선언이라고 하는 것은 정죄되어 영원히 죽게 되어 있는 사람을 그리스도의 피로 죄과를 완전히 사하신 것이다. 또 그의 피로 죄인을 덮어 죄 없다 곧 의롭다고 하나님이 재판관으로서 선언하시는 것이다. 이렇게 신분상의 변화를 선언하는 것이므로 사법적인 선언 혹은 법정적인 선언이다.

이런 선언은 법정적인 것이므로 내적 신분(status internus)에 있어서는 여전히 죄인이고 범죄하여 더러운 존재이다. 그 사람은 선택되어 부름 받은 존재이지만 죄인의 신분임에는 아무런 차이가 없다.

죄인 자신이 하나님의 법을 지켜 의롭다고 할 자격을 얻는 것이 전혀 아니다. 완전한 죄인이어서 정죄와 저주밖에 없는데도 그리스도의 피를 적용하여 그를 의롭다고 선언하시는 것이다. 죄가 있고 또 마땅히 죽을죄를 지었는데도 그 죄인을 죄 없다고 선언하시는 것이다. 그리스도의 피로 죄를 용서하심으로 그렇게 하신다.

그러나 그리스도의 피로 죄용서 받은 후 곧 의롭다 함을 받은 후에는 성령이 역사하셔서 거룩으로 나아가므로 내적인 변화를 겪는다.

6.1.4. 의롭다 하심의 시기

하나님이 죄인을 의롭다고 하시는 선언은 부름 받은 죄인이 믿음고백하고 회개할 때 함께 이루어진다.

6.1.4.1. 믿음고백 때 의롭다 함을 얻음

죄인이 할 수 있는 일이란 주 예수를 믿는다는 믿음고백뿐이다. 자기 자신은 죄인이어서 죽음과 영원한 형벌 외에는 다른 것이 없는데, 하나님이 나를 사랑하사 아들로 내 죄 때문에 죽어 피 흘리게 하셨으므로, 이 복음을 믿는다고 고백하는 것이다.

부름 받은 죄인은 의롭다 함을 받기 위해서 할 수 있는 것이 아무것도 없다. 단지 주 예수 그리스도를 자기의 유일한 구주로 믿는다는 고백 외에는 아무것도 없다. 하나님은 믿음고백을 받으시고 그를 의롭다고 선언하신다.

주 예수를 자기의 구주로 믿는다고 고백하며 내 모든 죄를 용서해주실 것을 빌었기 때문에 하나님은 믿음고백을 받으시고 그의 죄를 용서하시므로 의롭다고 선언하신다. 따라서 죄인이 의롭다 하심을 얻는 것은 믿음고백 때이다.

6.1.4.2. 영원에서의 칭의는 사변임

일부 개혁신학자는 영원에서의 칭의를 말한다. 영원경륜에서 중보자의 의를 백성에게 전가하여 의롭다고 하신다고 카위퍼는 제시했다. 그러나 영원에서 중보자의 의가 백성에게 전가되었다고 주장하면 문제가 심각해진다. 그리스도가 십자가에서 피 흘리지 않아도 그의 의가 영원경륜에서 택한 백성들에게 전가된다면, 그리스도의 십자가에서의 구원사역이 필요 없게 된다.

이런 견해는 영원경륜에서 선택을 말하므로 의의 전가도 함께 말하게 된 데서 나왔다. 의가 영원에서 이미 전가되었다면 그리스도가 성육신하여 십자가상의 구원사역을 하실 필요가 없어진다. 그리스도가 구원중보자로 세워지고 그의 사역이 약정되기만 함으로 백성들에게 의가 전가된다고 하면, 그리스도의 구속사역이 시간 내에서 일어날 필요가 없어진다. 왜냐하면 피 흘림이 없어도 의가 이미 전가될 수 있었기 때문이다.

이런 신학적 논의는 사변일 뿐이다.

6.1.4.3. 그리스도의 부활 시 의의 선언도 정당하지 못함

그리스도의 부활 시에 의롭다 하심이 이루어졌다고 말하는 견해가 있다. 이런 것도 사변적인 경향을 갖는다. 그리스도가 부활하심으로 구원사역이 완전히 성취되었다. 그런 의미에 있어서는 의롭다 하심을 말할 수 있다. 그러나 믿음고백도 없이 의롭다 하심을 선언한다고 하는 것은 전혀 경우에 맞지 않다.

그리스도의 부활 시에는 아직 성령이 오시지 않았다. 그리스도가 승천하셔서 아버지 앞에 구속사역을 보고하심으로 속죄제사가 완성되었다 (히 9:24). 하나님이 구속사역의 보고를 구속의 완성으로 받으시므로 성령이 파송될 수 있었다.

성령이 파송되기 전에는 사람들이 주 예수를 믿을 수 없었다. 성령의 역사로만 사람들이 자기는 죄인이므로 구원받는 길은 주 예수를 믿는 것뿐이라는 것을 깨닫게 된다. 그런데 그리스도의 부활 시에 죄인들에게 의롭다 하심을 선언한다고 하는 것은 믿음고백 없이도 의롭다고 하는 선언이 가능하다는 말이다.

6.1.4.4. 구원적용의 때에 의롭다고 선언

그리스도가 부활하여 구원을 성취하셨다. 따라서 그의 구원을 적용할 때 믿음고백이 이루어지고 그때만 의롭다 하는 선언이 가능하다. 의롭다 하는 선언은 언제나 믿음고백을 할 때에 일어난다.

6.1.5. 의롭다 하심: 전적인 은혜

죽는 것과 영원한 형벌을 받는 것 외에 다른 길이 없는 죄인을 의롭다고 선언하는 것은 전적으로 은혜이다 (justificatio est gratuita, gratis data). 사람의 공로나 죄 없음 때문에 의롭다고 선언하시는 것이 아니다. 사람은 죄인인데도 그리스도의 구속사역 때문에 그의 죄를 무효화하여 의롭다고 선언하신다. 따라서 칭의 선언은 전적으로 은혜이다. 범죄한 사람은 수고하여 의를 얻을 수 없고 하나님의 계명을 지킬 길이 전혀 없기 때문이다 (롬 3:10-19).

하나님은 죄인들을 의롭다고 선언하기 위해서 그리스도의 구원을 마련하셨다. 이 구원사역을 믿는 믿음을 사람의 의로 여기시기 때문에 의롭다는 선언은 전적으로 은혜이다.

6.1.6. 의롭다 하심의 근거: 그리스도의 구속사역

본래 의는 하나님의 계명을 다 지켜야 얻을 수 있다. 그런데 죄인은 범죄로 하나님에게서 떨어져 나갔으므로 하나님의 계명을 지킬 길이 없다. 더구나 하나님의 율법을 지켜 의를 얻을 수 없다. 죄인은 율법을 지키려고 하면 범함만 더해져서 더 큰 죄인이 된다. 죄인은 자기의 능력으로 하나님의 계명과 율법을 지켜서 의를 주장할 수가 없다. 따라서 죄인은 언제나 죄인으로 남아 죽음과 영원한 형벌 외에는 다른 길이 없다.

오직 그리스도의 죽고 피 흘리심으로만 죄를 용서받아 의롭게 된다.

6.1.6.1. 의=피 흘려 죄를 용서하심

하나님의 아들 예수 그리스도가 죄인들을 위하여 피 흘리심으로 사죄의 권세를 아버지 하나님으로부터 받았다. 죄인의 죄를 속량하고 죄와 죄과를 무효화하기 위해서 십자가에서 피 흘리심으로 죄를 원천 무효화하셨다 (롬 5:9-10). 그리스도의 피가 죄를 무효화하였기 때문에 그리스도의 구속사역이 믿음을 고백하는 죄인들의 의가 된다.

6.1.6.2. 의롭다 하심: 죄용서를 믿음고백자에게 선언

하나님은 아들의 속죄사역으로 이룬 죄용서를, 믿음을 고백하는 죄인에게 전가하여 그 죄인을 의롭다고 선언하신다. 그리스도의 구속사역만이 죄인들이 의롭다 함을 받을 유일한 근거이다. 하나님은 아들의 구속사역 곧 죄용서를 죄인들에게 전가하여 그들을 의롭다고 선언하신다. 따라서 하나님 아버지도 그리스도의 구속사역이 없었으면 죄인들을 의롭다고 하실 수 없다 (롬 5:8-10).

제2절 죄과의 제거

6.2.1. 죄용서

6.2.1.1. 그리스도의 피 흘린 것을 믿는 믿음을 의롭다 하심

하나님은 죄인의 믿음고백 곧 내가 주 예수를 믿는다는 믿음고백을 받으시고 그의 모든 죄를 사하신다. 사람의 죄만 사하시는 것이 아니고 죄인 자체를 용서하신다. 그리스도가 죄인을 위해서 피 흘리셨기 때문에 믿음고백을 하는 죄인의 죄를 씻고 용서하여 의롭다고 하신다 (롬 3:24-25).
이렇게 하나님은 우리와 화해하셨다 (롬 5:9-10).

6.2.1.2. 그리스도의 흘리신 피로 죄를 용서하시고 의롭다 하심

사람이 범죄하면 다 영원한 죽음을 당하게 되어 있다 (창 2:17; 롬 6:23). 그런데 그리스도가 피 흘리시어 죄인의 모든 죄와 죄인 자체를 용서하시므로 죄가 없어져서 의롭게 된 것이다.
주 예수의 피 흘림을 믿는 것은 모든 율법의 요구를 다 응한 것이 된다 (롬 8:3-4). 그리스도의 피 흘림은 율법의 요구 곧 죗값을 갚으라는 요구를 충족함이다. 그가 피 흘림으로 죗값을 갚았으니 더 이상 율법을 지키라는 요구가 성립할 수 없게 되었다.
그리스도의 피 흘림을 믿음으로 죗값이 갚아져서 죄가 용서되어 죄가 더 이상 성립하지 않고 의가 된 것을 말한다.

6.2.2. 죄과의 제거

의롭다 하심에 있어서 더 적극적인 것은 죄과를 제거하는 것이다. 죄인의 죄과를 제거하면 범죄하였어도 그 죄에 대해서 벌 받을 책임을 완전히 면제받는 것이다. 그리스도의 피로 죄를 용서하고 죄과를 제거하였기 때문에 죄를 범하지 않은 것이 된다. 즉 의롭게 되었으니 영생을 보장받는다.

6.2.2.1. 그리스도의 피로 죄과를 제거함으로 죄책 면제

하나님이 그리스도의 피로 죄과를 제거하심으로 우리가 지은 모든 죄에 대하여 형벌 받을 책임 (culpa peccati)이 면제되었다.

6.2.2.2. 의롭다 하심: 죄책의 제거

의롭다 하심의 중요한 점은 바로 죄책을 제거하심이다. 죄책 혹은 죄과의 제거는 죄인을 의인으로 확정하는 것이다. 무죄하다고 선언하는 것은 죄에 대한 책임이 제거되었음을 뜻한다. 그래서 범죄하였지만 죄책이 제거되었으므로 죄에 대해서 책임질 일이 없어진다. 곧 완전한 의로 인정되는 것이다.

6.2.2.3. 죄책의 제거로 생존권 허락

하나님이 죄인의 죄과를 제거하여 완전히 의롭다고 하신 것은 죄를 사하심으로 그에게 생존권을 허락하심을 말한다.

　죄인은 그 죗값으로 인해 죽음 외에 다른 길이 없었는데 (롬 6:23) 그리스도의 피로 죄를 용서하고 죄과를 제거함으로 죽음이 제거되었다.

　이렇게 죄과가 제거되면 의인이어서 영생에 이른다 (롬 5:21).

6.2.3. 영생을 보장하심

　의는 하나님 앞에 사는 생존권을 뜻한다. 따라서 의인은 하나님 앞에서 살 수 있는 권리를 허락받아 영생하게 되었다 (롬 5:18, 21).

6.2.3.1. 아들을 믿는 믿음을 의롭다 하시어 영생을 주심

　하나님은 주 예수를 믿는다고 고백한 사람을 의롭다고 정하셨다. 주 예수를 믿는 믿음 때문에 죄인을 의롭다고 하신 것이므로 의는 율법을 지켜서 나온 것이 아니고 하나님이 그렇게 정하셨으므로 하나님의 의이다 (롬 3:22-27; 4:5).

　하나님의 계명과 율법을 다 지켜서 의롭게 될 수가 없으므로 주 예수를 믿음으로만 의롭게 된다 (롬 3:21-22). 따라서 믿는 자들이 영생하게 되었다 (롬 5:18).

6.2.3.2. 믿음을 의로 정하셔서 영생을 주심

　이렇게 믿는 자에게 의를 주기로 하셨으므로 믿음으로 의롭다 하심을 입은 자들이 그 전가된 의 때문에 영생을 선물로 받는다 (요 3:16, 36; 5:24; 6:40, 47; 롬 1:17; 5:21).

주 예수를 믿는 자들이 그 믿음 때문에 의롭다 함을 받았으니 하나님과 화해하여 영생에 이른다 (롬 5:1).

하나님은 그리스도의 구속사역 때문에 죄인을 의롭다 하시고 아들의 신분을 주시기 때문에 영생에 대한 권세도 주셨다 (요 3:15-16). 그것이 그리스도와 함께 하나님의 후사라고 한 까닭이다 (롬 4:16; 8:17; 엡 3:6; 딛 3:7).

죄인이 의롭다 함을 받으므로 하나님의 자녀가 되어 영생을 상속받게 되었다.

6.2.4. 믿음은 의롭다 하심의 통로

믿음으로 의롭다 함을 받아 영생에 이르지만 믿음이 공로의 성격을 갖는 것이 전혀 아니다. 믿음 자체로 의롭다 함을 얻는 것이 아니라 의롭다 함이 오는 통로일 뿐이다. 우리를 의롭게 할 수 있는 것은 전적으로 그리스도의 피 흘리심이다 (롬 5:9). 믿음은 그리스도의 피 흘리심으로 우리가 의롭게 됨을 받는 통로이다.

6.2.4.1. 믿음이 하나님의 선물이므로 공로적 성격이 배제됨

믿음은 사람이 믿음고백을 함으로 성립한다. 그러나 믿음고백 자체가 공로가 되는 것이 아니다. 믿는 것도 성령이 조성하셨고 또 하나님의 선물이다 (엡 2:8-9). 믿음으로 의롭다 함을 입고 영생에 이르지만 믿음이 공로가 되어 그런 것이 결코 아니다. 믿음을 통로로 하여 하나님이 은혜를 전달하실 뿐이다. 죄용서와 의롭다 함과 영생을 받는 것은 다 하나님의 은혜이고 그리스도의 구속사역의 선물이다.

6.2.4.2. 믿음을 공로로 보는 교회

로마교회와 알미니안 신학에 의하면 믿음이 공로가 된다. 왜냐하면 믿을 때 선행(先行)하는 은혜의 도움을 받아서 내 본성이 믿음을 결정하였기 때문이다. 은혜는 돕고 본성이 결정하였으므로 믿는 것이 공로가 된다.

그러나 개혁신학은 성경의 가르침을 따라 믿음의 공로적인 성격을 전적으로 배제한다 (엡 2:8-9). 믿음을 도구로 하여 하나님이 사람을 의롭다 하시는 것이다. 믿는 일은 본성이 결정하고 은혜는 돕기만 한 것이 아니다. 은혜가 사람으로 믿도록 조성하였다. 믿음도 하나님의 선물이다 (엡 2:8). 그러므로 은혜의 역사를 따라서 믿음고백을 하는 것이다.

따라서 믿음이 공로의 성격을 가져서 믿음 때문에 의롭다 함을 얻고 영생을 얻는 것이 아니다. 믿음 자체가 그렇게 하는 것이 아니고 믿음을 통로로 하여 의롭다 함과 영생이 주어진다.

제3절 아들이 됨 (入養, adoptio)

6.3.1. 아들로 삼음

죄인이 주 예수를 믿으면 하나님은 그의 믿음을 받으시고 그리스도의 의를 그에게 덧입히셔서 그를 의롭다고 선언하신다. 오직 주 예수를 믿기 때문에 죄인을 의롭다고 선언하신다.

하나님이 죄인을 의롭다고 선언하시는 것은 그를 아들로 삼는 것을 뜻한다 (갈 3:7; 4:5-6). 왜냐하면 주 예수 곧 하나님의 아들을 믿으면 하나님의 자녀가 되는 권세를 받기 때문이다 (요 1:12).

6.3.1.1. 믿는 자들을 의롭다 하시고 아들로 삼으심

하나님은 아들의 의를 죄인에게 전가하여 그를 의롭다고 선언하셔서 아들의 신분으로 끌어올리신다. 그리하여 창조주를 하나님으로 섬기기를 거부한 반역자 곧 원수를 아들로 삼으시는 것이다.

우리가 하나님의 원수이고 죄인이었는데 그리스도가 우리를 위하여 죽으시므로 하나님은 우리와 화해하시고 우리를 자기의 아들로 삼으셨다 (요 1:12; 갈 4:5-6; 롬 5:8, 10; 8:29).

믿음고백을 할 때 하나님은 우리를 아들들로 삼으시기 때문에 하나님을 아빠 아버지로 부른다 (갈 4:4-7; 롬 8:14-17). 주 예수를 믿는 자들은 처음 믿음고백을 할 때부터 하나님을 아버지라고 불러서 기도한다. 하나님을 아버지라고 부르는 고백이 우리가 믿을 때 하나님의 자녀가 된 것임을 증거한다 (롬 8:14-16).

6.3.2. 아들로서 상속자가 됨

사람들은 주 예수를 믿음으로 하나님의 아들들이 된다 (갈 3:26). 아들이 되면 하나님의 상속자가 된다 (롬 4:16; 8:17, 23, 32; 갈 4:7).

하나님은 아들로 말미암아 온 하늘과 땅을 창조하시고 창조를 아들의 상속으로 정하셨다 (히 1:2; 요 1:3, 10; 롬 8:17).

그런데 하나님의 아들 외에 많은 아들들이 그리스도의 십자가로 생겨났으므로, 처음 아들에게 주었던 상속에 양아들들로 동참하게 하신다. 아들이므로 하나님의 상속자이고 그리스도와 함께 상속자가 되었다 (롬 4:14, 16; 8:17; 엡 3:6; 딛 3:7).

아들이 되었으므로 받을 상속은 영생과 하늘의 영광과 부활과 모든 창조이다 (요 1:12; 3:15-16; 롬 8:17-21, 23, 30, 32; 5:2; 고전 2:7; 고후 4:17; 골 3:4; 딤후 2:10; 히 2:10; 벧전 1:7; 5:10; 눅 14:14; 행 24:15).

6.3.2.1. 아들 됨의 증거: 성령의 내주; 하나님을 아버지로 부름

주 예수를 믿는 자들이 하나님의 아들들이 된 증거는 바로 성령의 내주이다 (고전 3:16; 6:19; 고후 4:16). 주 예수를 믿는 자들에게 성령을 주신다 (고후 1:22; 5:5; 엡 1:13; 4:30; 롬 8:15). 믿는 자들이 성령 곧 아들의 영을 받았으므로 하나님을 아빠 아버지라고 부를 수 있게 되었다 (갈 4:5-7; 롬 8:14-17).

6.3.3. 아들 됨은 자유를 얻음임

6.3.3.1. 믿어 하나님의 아들이 되었으므로 죄에서 자유함

주 예수를 믿어 하나님의 자녀가 되기 전에는 죄의 종이었다 (요 8:34; 롬 6:6, 16-17, 20). 죄의 종이었으므로 죄에서 자유가 없고 죄의 몸을 가졌으므로 (롬 6:6) 죄만을 짓고 살아왔다.

종은 자유가 없다. 종이기 때문이다. 죄의 종은 죄에서 자유할 수가 없다. 그러므로 죄만 짓는다 (요 8:34; 롬 6:6). 죄를 짓되 필연적으로 짓는다. 칼빈이 말한 대로 죄를 짓는 것이 강제로 이루어지는 것이 아니라 죄가 인간의 본성이 되어 죄짓는 일을 필연적으로 한다.

이렇게 죄만 짓는 자는 죽음 외에는 다른 길이 없다. 죄의 삯은 죽음이기 때문이다 (롬 6:23). 첫 사람이 죄지으므로 모든 인류가 다 죄의 종이 되어 죄짓는 일만을 하게 되었다 (롬 5:12). 그래서 영원한 죽음으로 작정된 자들이 되었다.

그러나 주 예수를 믿음으로 죄의 종에서 놓여나 자유를 얻었다. 죄의 종이 (롬 6:16-17, 20) 하나님의 아들이 되어 하나님의 종이 되고 (롬 6:22) 의의 종이 되었다 (롬 6:18-19). 왜냐하면 주 예수를 믿음으로 하나님의 아들이 되도록 아들의 영을 받았기 때문이다 (롬 8:15; 갈 4:6).

아들이 되었으므로 죄에서 놓여나 죄에서 자유하게 되었다 (갈 5:1). 즉 주 예수를 믿으므로 죄를 용서받아 아들이 되어 죄에서 놓여나 자유를 얻었으므로, 죄를 지을 수도 있지만 죄를 짓지 않고 살 수 있게 되었다.

아들이 된 이후에는 죄짓는 일에서 자유한다. 죄만 짓고 살다가 죄짓지 않을 자유를 받았다 (갈 5:13). 이것이 하나님의 아들이 되어 누리는 특권이다. 필연적으로 죄짓고 살다가 죄와 무관하게 살 수 있게 되었다. 죄를 지을 수도 있지만 전혀 죄짓지 않을 수 있게 되었다. 아들이므로 종이 아니라 주인이고 상속자가 되었기 때문이다.

6.3.3.2. 아들로 삼으심으로 우리 옛사람을 십자가에 못 박아 죄짓지 못하게 하심

이렇게 죄인의 신분에서 하나님의 아들의 신분으로 옮아감으로 죄짓지 않을 수 있게 되었다. 하나님의 아들 주 예수 그리스도가 우리로 죄짓지 못하도록 십자가에 못 박혀 죽으심으로 우리를 구원하셨기 때문이다 (롬 6:6). 사람으로 죄짓게 하는 장본인이 죄의 근원인 옛사람인데, 우리의 옛사람을 그리스도가 십자가에 함께 못 박았기 때문이다 (롬 6:5-8). 우리는 주 예수를 믿어 하나님의 아들이 된 후에는 죄짓는 데서 자유하게 되었다.

그러나 육체의 욕망을 만족시키는 방식으로 자유를 활용하면 다시 죄의 종이 된다. 왜냐하면 다시 죄를 지었으므로 죄의 법이 역사하여 죄짓는 일을 피할 수 없게 하기 때문이다 (요 8:34; 갈 5:13). 다시 몸을 드려 죄짓는 일을 하면 죄의 종이 되므로 (롬 6:16, 19) 죄만을 짓게 된다.

그리스도인이 죄지었으면, 주 예수 그리스도의 이름과 피를 힘입어 죄를 용서받아 죄의 종 됨에서 벗어날 수 있다.

이때 죄의 종 됨에서 벗어나 의의 종으로서 자유하는 것은 처음 믿었을 때 누린 자유와 해방에 이르기가 쉽지 않다. 믿은 후에 범죄하였으므로 육의 역사가 더 강하게 작용하여 죄짓는 것을 더욱 쉽게 하기 때문이다.

그러므로 주 예수를 믿어 자유를 얻었으므로 끊임없이 자신을 의의 종으로 드려야 한다 (롬 6:19). 자신을 죄에 드리지 않고 하나님께 드리면 거룩해져서 영생에 이르는 복을 받는다 (롬 6:22). 늘 자신을 의의 종으로 드리기를 힘쓰고 또 그렇게 작정해야 한다. 자유를 가졌다고 해서 죄짓는 것을 바라고 좋아하지 말고 자신을 늘 의에게 드려야 한다 (롬 6:13). 우리가 죄에 대해서 죽었다는 것을 늘 명심하고 죄짓는 일을 할 수 없음을 기억해야 한다 (롬 6:2). 죄에 대해서는 죽었음을 기억하고 그리스도 예수로 말미암아 하나님을 위해서 사는 자가 되었음을 늘 기억해야 한다 (롬 6:11).

이렇게 죄에 대하여 죽었고 하나님에 대하여 살았음을 깨닫고 하나님의 종으로 늘 자신을 바쳐드림으로 하나님의 아들로서의 자유를 누리고 유지할 수 있다 (롬 6:13-14).

그리스도인이 누리는 자유는 완전한 것이 아니다. 몸을 입고 살고 있는 한 그리스도인의 자유는 한정되고 유한한 자유이다. 언제든지 그 자유로 죄를 지을 수 있고 죄로 빠질 수도 있다. 죄에서의 자유를 완결된 것으로 여기면 안 된다. 죄짓지 않을 수 있는 완전한 자유는 거룩하게 됨이 다 이루어진 상태에서나 가능하다. 그것은 새 언약이 완성된 다음에 이루어질 일이다.

제4절 종말론적인 의롭다 하심

우리가 주 예수를 믿음으로 하나님으로부터 받은 의롭다 함은 종말론적인 사건이다. 우리는 오직 주 예수를 믿음으로만 의롭다 함을 받았다 (롬 5:1). 그리스도가 우리를 의롭다 하기 위해서 구속을 이루셨기 때문이다 (롬 3:24; 4:25; 5:9). 그리스도의 피로 우리가 의롭다 함을 받으므로 생명을 누리게 되었고 (롬 5:18), 나아가서 영원한 생명을 누리게 되었다 (요 3:15-16).

우리를 영생하도록 하기 위해서 하나님은 구속을 이루신 아들을 새로 된 많은 아들들 가운데서 맏아들이 되게 하셨다 (롬 8:29). 하나님의 아들은 영원한 아들이시다 (히 4:14). 그런데 죄인들이 주 예수를 믿으면 의롭다고 할 뿐만 아니라 그리스도로 말미암아 아들들이 되게 하셨다 (갈 3:26). 그리고 하나님은 많은 아들들로 영원한 아들과 교제하도록 하셨다 (고전 1:9). 이 사귐은 하나님 아버지 앞에서 이루어질 것이다.

하나님은 아들로 말미암아 만물을 창조하시고 (요 1:3; 히 1:2) 그를 상속자로 세우셨다 (히 1:2). 그런데 많은 아들들로 하나님의 영광에 동참하고 상속할 수 있도록 하기 위해서 하나님은 그들로 영광에 이르게 하셨다 (히 2:10).

이 일은 주 예수를 믿을 때 받는 의롭다 하는 선언으로 이루어졌다. 다시 의롭다 함을 받는 일은 발생하지 않는다. 지금 받은 의롭다 하는 선언이 마지막 선언이기 때문이다.

6.4.1. 믿을 때 의롭다 하심이 마지막 칭의 선언

이 영광과 상속은 하나님 앞에서 누릴 분깃이다. 이런 일은 의롭다 함을 선언하시므로 이루어진다. 그런데 마지막 날 의롭다 함이 선언되어야 하는데 앞당겨서 이루어졌다. 곧 의롭다 함이 믿음고백을 할 때 선언되고 성취되었다.

본래 의롭다 함의 선언은 마지막 심판 때 이루어지도록 정해졌다 (마 25:31-46). 그런데 믿음고백을 할 때 믿는 자들을 의롭다고 하는 선언을 하신 것이다. 곧 마지막 날에 이루어질 의롭다 하시는 선언을 사람이 믿음고백을 할 때에 선언하셨다. 마지막 날에 이루어질 의롭다 함의 선언이 역사 안으로 들어왔다. 이 의롭다는 선언이 처음이고 마지막이다. 곧 종말론적인 선언이다.

그뿐만 아니라 믿음고백을 할 때 이루어진 의롭다 하심의 선언은 마지막 날에 변경되거나 달라질 것이 전혀 없다. 한 번 이루어진 선언은 불변의 선언이다. 그러므로 한 번 의롭다 함의 선언을 받은 자들에게 결코 정죄함이 없다 (롬 8:1).

그들은 믿을 때 의롭다 함을 받았으므로 그 선언이 영구히 타당하여 영생으로 들어가서 영광을 누리는 것만이 남아 있다 (마 25:46).

믿음을 고백할 때 영생과 부활과 영광을 약속받았다 (요 3:15-16, 36; 5:24; 6:47; 10:28; 요일 5:13; 딛 3:7; 롬 6:5; 5:2, 21; 8:17-18, 21; 9:23; 고후 3:18; 4:17; 빌 3:21; 골 3:4; 살전 2:12). 따라서 마지막 심판 때는 믿는 자들이 의인들로 확인되고 영생과 영광에 이를 뿐이다.

제5절 도덕적 칭의의 문제

6.5.1. 칭의는 전적으로 은혜이므로 법정적 칭의

종교개혁자들 곧 칼빈과 루터 등은 한결같이 법정적 칭의를 주창하였다. 비참하고 전적으로 무능하고 부패한 죄인들을 하나님이 은혜로 구원하셨으므로, 사람이 구원 얻음에 인간의 공로가 전혀 개입하지 않는다. 하나님이 죄인들을 전적으로 은혜로 구원하셨다. 그리스도의 구속사역을 믿는 자들을 의롭다고 하셨다. 그러므로 전적으로 은혜이다. 단지 죄인이 주 예수를 믿는다는 믿음고백 때문에 죄를 다 용서하시고 그를 의롭다고 선언하신다. 이것이 법정적 칭의이다.

6.5.2. 도덕적 칭의: 자격을 갖추어서 의를 받는 것

도덕적 칭의는 의에 합당한 자격을 갖추어서 의를 받는 것을 말한다. 그러므로 지은 죄에 대해서 합당한 회개 곧 참회(paenitentia)를 하고 선행을 쌓아 죄를 없이해야 한다. 자신을 의롭게 만들어야 한다. 이렇게 합당한 자격을 갖추어서 의롭다 함을 받는 것이 도덕적 칭의이다.

도덕적 칭의론에 의하면 의롭다 함을 거저 받는 것이 아니다. 고행과 금식과 자기 자신을 괴롭힘으로 죄를 없이하고 성화를 온전히 이루어서 의롭다 함을 받는 것이다.

칭의만 사람의 노력으로 획득하는 것이 아니고 성화도 전적으로 사람이 노력해서 이룬다. 철저히 회개하고 죄를 없이하며 선행으로 온전하게 되면 성화가 이루어진다.

6.5.2.1. 아리스토텔레스의 정의의 개념: 자격에 기초해서 배분받음

도덕적 칭의는 아리스토텔레스의 정의 관념을 도입해서 형성되었다. 의는 자격에 의해서 배정받는 것을 말한다. 아리스토텔레스는 정의를 자격에 의해 배분하는 것으로 규정하였다 (Nicomacheia Ethica, V. iii. 7-8).

6.5.2.1.1. 정의: 자격에 근거해서 배당받음

아리스토텔레스에 의하면 정의와 불의가 있는데 두 극단의 중도가 정의라고 규정하였다 (Nicomacheia Ethica, V. i. 1-2). 불의를 두 가지로 정의하는데 첫째는 법을 깨뜨리는 것이고 둘째는 자기의 몫 이상을 취하는 것이다. 의는 공평함 혹은 공정함이다 (NE, V. i. 8-12). 정의는 공동체의 행복을 생산하는 것이다. 따라서 정의는 덕 중에서 완전한 덕이고 최고의 덕이다 (NE, V. i. 13-16). 정의와 불의를 규정할 때 불의는 자기의 몫 이상을 취하는 것이다 (NE, V. ii. 2-5).

정의를 규정할 때 분배의 기준이 있어야 한다. 왜냐하면 분배할 때 공동체의 회원들 간에 동등한 몫으로 나누거나 부동등한 몫으로 나누게 되기 때문이다 (NE, V. ii. 13-iii. 1). 분배의 경우 불의는 부(不)동등이고 정의는 동등이다 (NE, V. iii. 2-6). 분배가 이루어질 두 사람이 동등하면 동등한 몫을 배당해야 하고, 동등하지 않으면 동등한 몫을 가질 수 없다. 동등한 사람들이 부당한 배당을 받고 동등하지 않는 사람들이 동등한 몫을 배당받으면 싸움과 불평이 일어난다 (NE, V. iii. 5-6).

그러므로 분배에서 정의는 일종의 자격에 근거해야만 하므로 (NE, V. iii, 7-8) 아리스토텔레스는 자격에 의해서 배당하는 것이 정의라고 규정하였다.

6.5.2.2. 토마스의 의의 정의: 각자에게 자기의 권리를 돌리는 것 혹은 할당하는 것

아리스토텔레스의 의의 정의에 근거해서 토마스 아퀴나스도 의를 거의 같게 정의한다.

정의는 자기의 권리를 자기에게 배정하는 것이다. 또 빚진 것을 해당자에게 돌리는 것도 포함한다 (Justitia jus suum unicuique tribuens; Summa Theologica, III, q58a1, a3, a4)고 하였다.

토마스는 의의 행동도 동일하게 정의한다. 합당한 의의 행동은 자기에게 자기의 몫을 되돌리는 것이다 (proprius justitiae actus est, unicuique quod suum est reddere; ST, III, q58a11; q61a1). 더구나 공동의 선을 분배함에 있어서는 개인의 권위에 맞아야 한다 (ST, III, q61a1, 2). 곧 의는 자기에게 자기의 권리를 돌리는 것이다. 의의 행동도 자기에게 자기의 것을 되돌려 주는 것이다. 선을 분배할 때도 개인의 권위에 맞아야 한다.

이런 의의 개념을 구원받음 혹은 칭의에 적용하면 자격에 의해서 합당한 몫을 받는 것이다. 따라서 선물로 곧 은혜로 의를 받는 것은 성립할 수 없다. 그러므로 의롭다 함을 받으려면 합당한 자격을 갖추어야 한다고 주장하였다.

이런 의의 개념에 근거해서 로마교회가 선행에 의해서 의롭다 함을 받는 것을 바른 칭의의 길로 정하였다. 알미니우스도 같은 의의 개념에 근거해서 도덕적 칭의를 세웠다. 웨슬리도 철저하게 행함에 의해서 자격을 갖추어서 의롭다 함을 받는 것을 주장하였다.

6.5.2.2.1. 선행으로 죄를 없이해서 의를 받기에 합당하게 만들어야 함

도덕적 칭의론자에 의하면 주 예수를 믿는 믿음 때문에 죄를 용서하고 의롭다 하는 칭의 곧 법정적 칭의는 전적으로 부당한 것이다. 곧 사람이 죄가 있는데도 법정에서 죄 없다고 선언하는 것은 법률적으로 불가하다는 것이다. 그러므로 선을 행해서 죄를 없이하므로 의롭게 되어 의롭다 함을 받을 수 있다는 주장이다. 곧 완전한 성화를 통하여 의롭다 함을 얻는다. 이것이 도덕적 칭의이다.

6.5.2.3. 피니의 도덕적 칭의론

도덕적 칭의론의 대표 주자는 찰스 피니 (Charles Finney, 1792-1875)이다. 그는 아래와 같이 자기의 주장을 전개한다.

6.5.2.3.1. 법정적 칭의 불가

피니는 복음적 칭의가 법정적인 과정일 수 없다고 주장한다 (Finney's Systematic Theology, 1846-47; 1976 by Bethany Fellowship, 318). 법정적 칭의의 근거는 법에 대한 보편적인 순종이기 때문이라는 것이다. 그러므로 법을 범한 죄인을 법정에서 무죄라고 선언하는 것은 불가능하다. 무죄일 때만 사람은 무죄로 선언 받을 수 있다. 따라서 법의 입장에서 죄인이 무죄라고 선언되는 것은 맞지 않다. 법을 잘 지킬 경우만 의롭다고 선언 받는다. 따라서 죄인들이 법정적으로 의롭다고 선언 받는 것은 불가능하고 불합리하다는 것이다 (ST, 320).

6.5.2.3.2. 대리적 속죄에 근거한 칭의도 불가

피니에 의하면 대리적 속죄에 의해서 의롭다고 선언 받는 것은 합당하지 않다. 대리적 속죄에 의해서 의롭다는 선언을 받으려면 자기 스스로 다른 사람을 위해서 행할 경우만 타당하다고 제시한다.

그런데 그리스도의 순종은 이 경우가 아니라는 것이다. 더구나 율법에 대해 그리스도가 순종한 것을 우리의 순종으로 간주한다는 것은 거짓되고 무의미한 가정에 근거한 것이라고 한다. 그리스도는 율법에 대해 아무런 순종의 의무가 없다. 그의 순종행위는 순전히 적선(supererogation)의 일이라고 한다. 그러므로 그의 행위를 우리의 것으로 돌리는 것은 실수라는 것이다 (ST, 321).

6.5.2.3.3. 그리스도가 도덕법에 순종: 자신에게만 타당

피니에 의하면 그리스도는 도덕법에 순종할 의무도 없지만 의무가 있다면 그의 순종은 자기 자신만 의롭게 할 뿐이다. 그러므로 그의 순종은 우리에게 결코 전가될 수 없다고 전개한다. 그리스도가 우리를 대신해서 순종한다는 것은 본성적으로 불가능하다는 것이다 (ST, 321).

6.5.2.3.4. 그리스도의 속죄사역: 칭의의 한 조건
그리스도의 속죄사역은 칭의의 근거가 아니라 조건은 된다고 피니는 본다. 순종의 의무 없이 우리를 위해서 수난을 받으셨기 때문이라는 것이다 (ST, 323).

6.5.2.3.5. 믿음과 회개: 칭의의 조건
하나님은 회개 없이 사람을 용서하시지 않기 때문에 회개가 칭의의 조건이 된다고 피니는 주장한다. 회개하여 죄에서 벗어나면 의롭다고 할 수 있다고 한다. 이것은 회개가 칭의의 조건이라고 하는 웨슬리와 완전히 합치한다 (ST, 325).

6.5.2.3.6. 사랑의 역사가 있는 믿음만이 칭의의 근거
피니는 그리스도를 믿는 믿음이 칭의의 하나의 조건이라고 주장한다. 그러나 믿음이 사랑으로 역사하는 믿음일 때만 칭의의 근거가 된다고 주장한다. 그냥 믿음으로 의롭다 함을 얻는다고 하면 그것은 그리스도를 배제하는 것이므로 불가하다는 것이다 (ST, 326).

6.5.2.3.7. 현재의 성화: 칭의의 한 조건; 끝까지 순종으로 칭의 받음
현재의 성화도 칭의의 조건이 된다고 피니가 제시하여 선행이 칭의의 필수조건이라고 한 웨슬리의 주장과 완전히 일치한다. 선행(善行) 없이는 의롭다 함을 받을 수 없으므로 칭의를 성화의 조건으로 삼는 것은 잘못이라고 주장한다 (ST, 327). 대리적 순종에 근거해서 사람을 의롭다고 하는 것은 불합리하고 불가능하다 (ST, 330). 끝까지 믿음에 머무르고 끝까지 순종해야 최종 칭의를 받는 것이지 그냥 죄인을 의롭다고 할 수 없다는 것이다 (ST, 330).

6.5.2.3.8. 죄와 의의 전가 불가

피니는 이에서 나아가 죄의 전가와 의의 전가를 전적으로 배척한다. 아담의 모든 죄를 문자적으로 그의 후손에 전가함, 택자의 모든 죄를 그리스도에게 문자적으로 전가함, 따라서 그리스도가 범죄자들의 양(量)에 따라서 그들을 위해 고난 받은 것과 그리스도의 의를 택자들에게 전가하는 것 등은 모두 동화(童話) 같은 이야기라고 한다 (ST, 333).

그리스도가 우리의 죄에 대하여 정확하게 그 양대로 고난을 받았다면 그것은 은혜가 아니라 정확한 공의라는 것이다. 그런데도 은혜라고 한다는 것은 그리스도를 욕되게 하는 것이라고 피니는 주장한다 (ST, 336). 그러므로 그리스도의 구속사역을 칭의의 근거로 삼을 수 없다는 것이다.

6.5.2.3.9. 칭의의 근거: 하나님의 무한한 사랑; 그리스도의 구속사역: 칭의의 하나의 조건

피니는 우리의 믿음, 회개, 사랑과 율법에 순종 등도 우리의 칭의의 근거가 되지 못한다고 한다. 그런 것들은 우리의 칭의의 조건은 된다는 것이다. 가령 믿음의 조건에 의해서 의롭게 되었다는 것이다 (ST, 336). 그러나 우리 칭의의 근거는 하나님의 무한한 사랑에 있다는 것이다.

그리스도의 대속적인 구속사역도 우리의 칭의의 조건은 되지만 근거는 되지 못한다는 것이다 (ST, 337). 같은 문맥에서 피니는 성령이 죄인들을 돌이키고 거룩하게 하는 사역도 칭의의 근거는 못되고 칭의의 한 조건은 된다고 말한다 (ST, 337).

6.5.2.3.10. 성화로 죄를 없이해서 칭의 받음=도덕적 칭의

피니에게 있어서 칭의는 그냥 선물로 주시는 법정적인 선언이 아니다. 사람이 선행을 하고 철저하게 회개하고 성화를 이루어서 죄가 없게 되므로 의롭다는 선언을 받는다. 인간이 모든 노력을 하여 자기를 죄 없게 만들므로 의롭다 함을 받는 것이다. 이것이 바로 도덕적 칭의이다.

이것은 인간이 순전히 자기의 노력으로 의를 획득한 것이어서 완전한 율법주의이다. 이것은 그리스도교의 은혜의 주권성 교리 곧 그리스도의 피 흘림으로 죄를 용서함의 교리에 전적으로 배치된다. 칭의가 자기의 노력으로 얻은 획득사항이어서 이방종교와 아무런 차이가 없다.

칭의는 선물이지 사람의 획득사항이 전혀 아니다. 사람이 자기의 노력으로 의를 얻을 수 있으면 그리스도가 십자가에서 헛되이 죽으신 것이다. 도덕적 칭의론은 그리스도의 구속사역을 완전히 헐어내린다.

6.5.2.4. 웨슬리의 도덕적 칭의 관념

웨슬리 (John Wesley)는 법정적 칭의를 전적으로 반대하며 예정도 반대한다. 웨슬리는 사람이 의롭다 함을 받는 것은 의롭게 만들어져서 된다고 주장한다. 선행으로 성화를 이루어서 곧 의를 받을 합당한 자격을 갖추어서 의롭다 함을 받는다는 것이다.

웨슬리의 가르침의 핵심은 사람이 선행으로 거룩해져야 의롭다 함을 받는다는 것이다. 그의 칭의론은 도덕적 칭의이다.

6.5.2.4.1. 예정 교리는 선포를 무용지물로, 선행의 열심을 파괴한다고 주장

웨슬리에 의하면 예정된 사람들이 의롭다 함을 받고 구원에 이른다는 예정 교리는 선포를 쓸데없는 것으로 만들고, 거룩의 선포와 종교의 위로를 파괴한다고 단언한다. 이에서 나아가 선행에 대한 열심을 파괴하고 하나님의 모든 계시를 무너지게 한다고 주장한다 (The Works of John Wesley, VII, 373-386).

6.5.2.4.2. 구원은 불가항력적 은혜로 되는 것 아님

웨슬리에 의하면 구원 얻는 일은 불가항력적인 은혜에 의해서 이루어지는 것이 아니다. 개인의 구원도 불가항력적 은혜에 의존하는 것이 아니다. 은혜가 필수적이기는 하나 결코 불가항력적이 아니라고 한다 (Works, VI, 511-12; I, 427).

6.5.2.4.3. 선행 은혜와 협동으로 구원성취

그러면 사람이 구원 얻는 은혜는 어떤 은혜인가?

웨슬리에 의하면 사람이 구원 얻는 것은 모든 사람들에게 미리 주신 은혜로 시작한다. 그 은혜는 '앞서 오는 은혜' (prevenient grace) 이다. 앞서오는 은혜는 모든 사람들에게 다 주어져 있다. 이것은 일반은혜이다.

이 선행 (先行)하는 은혜와 협동하여 사람은 자기의 구원을 이루어낸다. 그러므로 믿음을 갖기 전에 하나님에게로 가는 운동을 시작한다. 이 운동은 앞서오는 은혜에서 나오는 것이다 (Works, X, 358-60).

6.5.2.4.4. 선한 행위들로 구원 얻음

웨슬리에 의하면 사람이 구원에 이르려면 곧 의롭다 함을 받으려면 선한 행위들(good works)을 행해야 한다. 즉 선행이 구원에 본질적이다. 회개와 회개에 합당한 열매들을 맺어야 한다. 이런 것을 하지 않으면 의롭다 함을 받는 것을 기대할 수 없다. 선행을 소홀히 하면 결코 칭의를 받지 못한다.

그는 회개와 회개에 합당한 열매는 칭의에 필수적이라고 주장한다. 회개의 정도에 따라서 (W., VI, 48) 곧 회개의 많고 적음, 열매가 있느냐 없느냐로 의롭다 함을 받는다. 회개는 사람이 한 행동이다. 무조건적인 작정은 믿음과 회개를 배제하므로 부당하다는 것이다 (W., XI, 494).

6.5.2.4.5. 회개에 합당한 열매로 구원받음

웨슬리에 의하면 회개가 믿음에 절대적으로 앞서간다. 회개의 열매들은 선행(先行)하는 은혜의 결과들이다. 그러므로 믿음이 오기 전에도 행동해야 한다. 열렬한 순종, 훈련된 삶, 자기부정과 자기가 할 수 있는 모든 것을 행함이 없이는 완전성화는 없다. 그러나 성화와 의롭다 함을 얻기 위해서 믿어야 한다는 것이다 (W., VI. 50). 이런 의미에서 웨슬리는 믿음 곧 자연적 믿음을 칭의의 조건이라고 주장한다 (W., V, 13; XI, 494).

회개가 칭의의 조건인데 선행하는 은혜가 회개하게 하고 확신하게 한다. 이것이 구원의 첫 단계여서 참 칭의에 필수적이다 (W., VIII, 46-7). 선행하는 은혜가 여기까지 사람을 인도한다. 그러므로 본래적인 구원이 오기 전에 행동해야 한다고 웨슬리는 주장한다 (W., VIII, 373).

웨슬리의 이런 믿음 제시는 토마스의 잠재신앙과 다르지 않을 뿐만 아니라 자연적 믿음의 성향을 그리스도교의 믿음과 일치시키고 있다.

6.5.2.4.6. 칭의는 선한 행위들 곧 성화로 받음

웨슬리에 의하면 칭의를 받으려면 내적 변화가 일어나야 한다. 이 내적 변화는 칭의 전에 일어나기 시작한다. 의롭게 되는 것은 성화로 이루어진다. 성화되지 않는 사람을 하나님은 의롭다고 하지 않으신다. 거룩하게 된 자를 하나님은 의롭다고 하신다. 의로워진 사람이 의롭다 함을 받는다 (W., V, 56, 57).

따라서 최종 칭의는 계속된 선한 행위(善行)들과 거룩한 마음에서 나온 순종에 의존한다는 것이다 (W., I, 321; VIII, 47).

6.5.2.4.7. 사랑의 선행으로 믿음에 이르고 성화로 칭의 받음

웨슬리는 사랑의 선행으로 믿음에 이르고 성화에 의해서 칭의를 받는다고 말한다 (W., VI, 491).

그는 선한 행위들을 게을리 하면 결코 칭의 받지 못한다고 반복적으로 강조한다. 회개와 회개에 합당한 열매들이 믿음과 함께 칭의에 필수적이다. 그래도 믿음은 칭의에 직접적으로 필수적이고 회개와 그 열매들이 좀 멀리 필수적이라고 하여 구분을 두려고 한다 (W., VI, 48; XI, 494).

웨슬리는 선행의 양으로 칭의를 받는다고 강조하고 있다.

6.5.2.4.8. 선행 은혜를 따르기로 함으로 믿음에 이른다고 함

웨슬리에 의하면 앞서 오는 은혜를 따르기를 선택하는 것이 회개와 믿음에 이르게 한다 (W., VI, 48). 구원은 선행 은혜로 시작한다 (W., VI, 44). 선행하는 은혜가 확신시키는 은혜가 되어 구원의 첫 단계를 이룬다. 또 이 선행하는 은혜가 회개에 이르게 한다 (W., VIII, 46-7).

웨슬리의 한결같은 강조는 선행하는 은혜와 협동하여 회개하고 믿음에 이르고 성화를 이루어 칭의를 받는다는 것이다. 믿음고백도 구원 은혜로 하는 것이 아니고 선행 은혜의 작용으로 하게 된다는 것이다.

이런 신학에 그리스도의 구속사역이 무슨 의미가 있는가?

6.5.2.4.9. 선한 행위가 성화의 조건

웨슬리에게 있어서는 선한 행위들이 성화의 조건이다. 물론 믿음은 성화의 한 조건이지만 선한 행위들은 성화에 필수적이라고 한다 (W., XII, 333-34).

요점은 선한 행위들이 칭의와 구원을 결정한다는 것이다.

6.5.2.4.10. 성화로 칭의 됨

웨슬리에 의하면 전가된 의로는 칭의함을 얻지 못하고 단지 의의 외투일 뿐이다. 칭의는 의롭게 됨과 성화에서 나온다 (W., VI, 71). 의가 주입되어서 내재적이 되고 (W., IX, 343) 또 사람이 실제로 거룩해져서 내적으로 거룩해져야 한다 (W., X, 271-83). 그래야 최종적인 칭의에 이른다.

웨슬리의 말로 요약하면 내가 나를 구원하지 않으면 하나님도 나를 구원하지 않으신다 (W., VI, 511-13).

웨슬리는 로마교회의 가르침보다 더 과격한 도덕적 칭의론을 제시하였다. 토마스는 구원 은혜가 돕는 일을 한다고 하는데, 웨슬리에 의하면 선행하는 은혜와 자유의지가 모든 것을 결정한다. 이 경우 하나님은 순전한 방관자로 서 있을 뿐이다.

6.5.2.5. 알미니우스의 도덕적 칭의론

6.5.2.5.1. 자유의지로 구원 얻음

알미니우스 (Jakobus Arminius)는 자유의지가 구원 얻음에 어떤 역할을 하는지 다음과 같이 가르친다.

하나님이 구원의 저자이시다. 그러나 자유의지만이 구원을 받을 수 있다. 하나님 외에는 아무도 구원을 수여할 수 없고 자유의지가 아니면 어떤 것도 구원을 받을 수 없다 (Disputations, 11, On the Free Will of Man and Its Powers, 14).

사람이 믿고 구원에 이르기로 한 것은 불가항력적 세력으로 되는 것이 아니고 자유의지를 부드럽게 설득함으로 (by mild and gentle suasion) 이루어진다. 그것도 자유의지에 맞추어서 이루어진다. 그러면 정죄하는 일도 불가항력적 필연에서 나온 것이 전혀 아니다. 자유의지의 결정으로 그렇게 불의에 머물기로 하였기 때문이다 (An Examination of the Treatise of William Perkins, Concerning the Order and Mode of Predestination, Part 2).

하나님은 만인이 진리의 지식에 이르러 구원에 이르기를 원하시지만 자유의지를 떠나서는 그렇게 하지 않으신다 (ibid)고 가르친다.

6.5.2.5.2. 믿음을 예지하고 예정

알미니우스는 하나님이 믿음을 예지하고 예정하셨다는 주장을 다음과 같이 전개한다.

구원으로의 예정은 하나님이 미리 아심에 의해서 이루어진다. 어떤 사람이 믿음으로 그리스도를 붙잡을 줄 아시고, 다른 사람은 불신앙으로 그리스도를 배척할 줄을 미리 아셨다. 이 예지에 의해서 하나님은 사람을 구원과 정죄로 작정하셨다 (Concerning the Order and Mode of Predestination, Part 2).

사람이 믿을 능력도 없고 믿을 의지의 능력도 없다면, 그들이 불신앙 때문에 형벌 받는 것은 바르지 않다. 또 의지의 행사 없이는 믿을 수 없다 (ibid).

그러므로 하나님은 은혜로 동의를 강요하시지 않는다. 오히려 부드럽고 온유한 설득으로 자유의지가 동의하게 하시고 자유의지를 더욱 세우신다 (ibid).

6.5.2.5.3. 믿음은 전적으로 자유의지의 행사

알미니우스는 믿음과 믿지 않음을 자유의지가 결정한다고 가르친다.

자유의지가 정상적인 상태에 있는 것으로 설정하면, 믿음으로 구원에 이르는 것과 믿지 않아서 정죄에 이르는 것은 전적으로 자유의지의 결정사항이다. 그러므로 예정도 하나님이 믿음과 불신앙을 미리 아시고 정하신 것이다. 하나님이 미리 아신 자들은 믿을 줄을 미리 아신 자들이다. 그리고 믿음이 없는 자들을 미리 아시고 그들을 정죄로 작정하셨다 (ibid).

알미니우스의 주장대로 믿음은 하나님의 의지에서 나온 것이 아니다. 믿음이 하나님의 의지에서 나왔으면 불가항력적 영향으로 이루어진 것이다. 그렇지 않고 오히려 부드러운 설득으로 믿음에 이르게 하신다. 선택의 조건은 믿음이지 무조건적인 선택이 아니다(ibid). 그러면 떨어지는 행동도 사람이 떨어지려고 하는 자유의지에서 나온 것이다 (ibid).

6.5.2.5.4. 선행 은혜의 도움으로 자유의지가 믿음 선택

알미니우스는 앞서 오는 은혜와 뒤따르는 은혜의 도움을 입어 자유의지가 선에 대해 결정한다고 주장한다.

무흠 (無欠) 상태에서는 사람이 빛과 진리를 이해하여 의와 거룩의 상태에 있었다 (Disputations, 11, The Free Will, 5). 그러나 범죄한 후에는 선으로의 자유의지가 상하였다 (Disputations, 11, The Free Will, 7). 따라서 타락 상태에 있는 사람은 하나님의 구원에 대한 지식이 없다 (The Free Will, 8). 지성은 어두워졌고 정서와 심장은 비뚤어져 있다 (Disputations, 11, The Free Will, 9).

자유의지는 스스로 자유를 갖는 것이 아니라 하나님의 아들이 자유롭게 해야 선에 대해 자유를 갖는다 (Disputations, 11, The Free Will, 11).

또 선행하는 은혜 곧 막는 은혜로 선의지를 갖게 되고, 뒤따르는 은혜의 도움을 받아 선에 대해 자유의지를 갖는다 (Disputations, 11, The Free Will, 14). 혹은 의지가 도움을 받아 하나님과 함께 일할 수 있다 (Disputations, 11, The Free Will, 14).

영생에 이를 자를 하나님이 무조건적으로 예정하셨다면 자유의지를 행사하지 못하는 것이다 (A Declaration of the Sentiments of Arminius on Predestination, VIII, 2). 사람은 은혜에 찬동하거나 협동할 수 있다. 은혜를 저항할 수 있고 헛되이 받을 수도 있다 (A Declaration on Predestination, XIII, 2).

알미니우스의 가르침에 의하면 은혜의 주권성은 없어진다. 은혜가 주권적으로 역사하여 믿고 구원에 이르게 하는 것이 아니라 자유의지가 구원의 수납여부를 결정한다.

6.5.2.5.5. 먼저 회개하고 스스로 믿어 영생을 받음

알미니우스의 주장을 따르면 사람이 먼저 회개하고 스스로 믿어 영생을 받는다.

구원 곧 영생을 얻는 것도 전적인 하나님의 은혜의 역사가 아니라 먼저 사람이 회개하고 믿어야 된다 (A Declaration on Predestination, XVII). 하나님이 믿음을 주신다는 것은 있을 수 없다. 하나님이 믿음을 주신다는 것은 불가항력적 힘으로 사람으로 하여금 믿게 하고 살린다는 것인데, 이것은 복음에 어긋난다는 것이다. 믿으면 영생을 주신다고 하였기 때문이라는 것이다 (A Declaration on Predestination, XVII).

6.5.2.5.6. 불가항력적 은혜로 믿음을 주는 것이 아니고 사람이 주도적으로 믿기로 결정하면 은혜 베푸심

알미니우스의 가르침의 핵심은 하나님이 믿음을 주셔서 믿는 것이 아니고 자유의지로 선택해서 믿으면 영생을 주신다는 것이다.

불가항력적 힘으로 믿음을 준다는 것은 아무도 복음의 사역자가 될 수 없다는 것이고, 복음이 죽음에 이르는 냄새만 될 뿐이라는 것이다 (A Declaration on Predestination, XVIII, 1, 2).

회개하고 믿는 일 없이도 구원에 이른다는 것은 의를 이룸 없이도 구원 얻음과 같다 (A Declaration on Predestination, XIX, 1). 돌이키고 그리스도를 믿어야 그리스도가 은혜를 허용한다 (A Declaration on Predestination, XIX, 2). 곧 사람이 자기의 주도권을 행사하여 믿음을 결정하면 하나님이 은혜를 베푸신다는 주장이다.

알미니우스에 의하면 하나님은 자기를 찾는 자에게 영생을 수여하신다. 이것이 하나님이 사람을 사랑하시는 사랑이다. 왜냐하면 하나님은 자기를 열심히 찾는 자를 상 주시기 때문이다 (A Declaration on Predestination, XIX, 2).

6.5.2.5.7. 회개하고 믿어야 의 곧 구원에 이름; 불가항력적 은혜로 아님

알미니우스는 회개하고 믿는 것이 하나님이 의를 사랑함에 합당하다고 한다.

하나님은 회개하고 믿는 자를 호의로 받아들이시고 믿는 자에게 수단을 제공하신다 (A Declaration on My Own Sentiments on Predestination, 1. 2). 수단은 막는 은혜와 뒤이어오는 은혜를 말한다 (My Own Sentiments on Predestination, 4).

이렇게 회개하고 믿어야 의에 이르는 것은 하나님이 의를 사랑함과 죄인을 사랑하는 사랑에 합한다는 것이다 (My Own Sentiments on Predestination, 19). 즉 사람은 자기의 구원을 이루어내기 위하여 회개와 믿음을 필요로 한다 (My Own Sentiments on Predestination, 16).

사람은 뒤따라오는 은혜 곧 동사하는 은혜로 선행을 할 수 있다.

따라서 하나님의 은혜는 불가항력적인 세력이 아니다 (A Declaration on IV. The Grace of God, 3).

요점은 사람이 자유의지로 믿기로 결정하면 하나님은 은혜로 반응하신다는 것이다.

6.5.2.5.8. 선행하는 은혜의 도움을 받아 자유의지로 구원받음

위에서 인용한 알미니우스의 가르침을 요약하면, 하나님의 은혜의 역사로 거듭나서 믿음고백을 하므로 영생을 얻는 것이 아니라, 자유의지로 믿음을 결정해서 구원받을 수 있다는 것이다. 선행하는 은혜의 도움을 입어서 자유의지가 회개하고 믿으므로 구원 곧 의를 얻는다. 또 회개하고 믿어야 의를 얻을 수 있다. 이것이 하나님이 의를 사랑함에 합한다는 것이다 (A Declaration, XIX, 2).

6.5.2.5.9. 도덕적 칭의를 강조

알미니우스는 '하나님 앞에서 사람의 칭의에 관한 논쟁 19'에서 칭의를 도덕법에 의한 칭의와 믿음에 의한 칭의로 나누었다. 믿음에 의한 칭의는 도덕법을 행함으로 받는 것이 아니므로 전가된 의라고 할 수 있다.

그런데 로마교회는 선한 행실로 구원받고 선을 많이 쌓아서 남의 구원에도 유용하다는 주장을 한다. 이런 로마교회의 가르침을 알미니우스는 반대하고 있다 (Disputations, 19, On the Justification of Man Before God, XI).

그러나 알미니우스는 자유의지를 도입하여 종교개혁교회를 로마교회의 선행 (善行)에 의한 칭의 교리로 돌아가게 하였다.

제7장

그리스도와의 연합과 성령의 내주

(Unio Mystica cum Christo et Inhabitatio Spiritus Sancti)

Iustificatio, Sanctificatio
Iustificatio, Sanctificatio
Iustificatio, Sanctificatio

제1절 그리스도와 연합

7.1.1. 신비한 연합 (unio mystica)

7.1.1.1. 믿음고백으로 그리스도와 연합됨

성령이 사람을 거듭나게 하시면 그는 곧바로 믿음고백을 한다. 믿음고백 (confessio fidei)에 죄용서와 의롭다 하심 (justificatio)이 선언된다. 믿음고백에서 성령은 믿는 자를 그리스도에게 연합시키신다 (unio mystica cum Christo). 칼빈의 말로 하면 그리스도는 성령으로 믿는 자들을 자기에게 연합시키신다. 이 연합으로 그리스도가 믿는 자 안에 거주하기 시작하신다 (cum Deo uniri).

7.1.1.2. 성령이 그리스도와 신자 간의 연합의 띠

성령은 믿는 자와 그리스도를 연합시키신다. 그래서 칼빈은 성령이 그리스도와 믿는 자들 간의 연합의 띠라고 하였다 (quia vis arcana Spiritus nostrae cum Christo coniunctionis vinculum est;

Christianae Religionis Institutio, IV, 17, 33; III, 1, 1). 성령은 그리스도와 믿는 자들 간에 이루어진 연합이 끊어지지 않게 붙드신다. 이 연합이 가장 구체적이고 실제적이어서 그리스도의 은혜가 믿는 자들에게로 흘러온다. 그리스도와 믿는 자들을 묶는 이 띠가 굳고 질기고 끊어지지 않으므로 이 연합 때문에 믿는 자들이 영원한 생명에까지 이른다.

7.1.1.3. 연합은 그리스도에게 접붙임임

성경은 그리스도와의 연합을 접붙임 (롬 11:17-24, εγκεντρισις, ενκεντιρισθης, εγκεντρισαι)으로 표현하고 있다. 그리스도와의 연합을 접붙임으로 표현하면 그것은 원나무줄기와 접붙여진 가지가 한 나무가 되는 것을 뜻한다.

우리는 이스라엘에 비겨서 이방인들이므로 돌 감람나무이다. 이 돌 감람나무가 참 감람나무인 예수 그리스도에게 접붙여졌으니 그리스도와 한 나무가 된다 (롬 11:17-24). 그리스도에게서 나오는 생명과 영양으로 접붙여진 가지들이 그리스도와 한 나무를 이루고 같은 생명을 가진 나무가 되었다. 접붙여진 가지들이 그리스도의 부활의 새 생명으로 살게 되어 그리스도와 한 나무를 이룬다 (요 15:2-7). 접붙여진 가지들은 원나무의 생명으로만 살 수 있다.

7.1.1.4. 그리스도와의 연합은 그에게 심겨짐임

바울은 로마서 6장 5절에 '연합한' (συμφυτοι)이란 단어를 사용하였다. 이 단어는 함께 심기다, 함께 자라다, 연합하다의 뜻을 갖는다. 이 단어의 본래의 뜻은 '함께 심겨진'(συμφυτος)으로 보아야 한다. 그래서 불가타 (Vulgata)도 '함께 심겨진 자들'(complantati)로 번역하였다. 그리스도의 죽음과 함께 심겼으면 그의 부활과 함께 부활할 것을 말하고 있다 (롬 6:3-5).

바울은 그리스도와의 연합을 '그리스도에게 심긴 것'으로 표현하고 있다. 믿는 자들이 그리스도에게 심겨졌으면 그 뿌리는 그리스도이다. 뿌리가 그리스도이면 나무와 가지가 사는 생명은 그리스도에게서 나온다. 그리스도가 그리스도인들이 근거해서 사는 뿌리이다. 그리스도를 믿는 자들이 뿌리인 그리스도에게 함께 심겨졌다. 그러므로 그리스도인들은 그리스도에게서 나오는 생명으로만 살게 되어 있다.

7.1.1.5. 그리스도에게 심겨진 자들이 그리스도의 생명으로 삶

그리스도에게 심겨진 자들은 그리스도의 생명으로 살게 된다. 따라서 죄에 대하여는 죽은 자들이 되고 의에 대해서는 사는 자들이 된 것이다 (롬 6:8-9).

그리스도와의 연합이 이렇게 믿는 자들을 그리스도와 한 생명으로 묶어 그리스도의 지체들로 살게 한다 (롬 6:13, 19; 12:5; 고전 6:15).

그리스도 자신이 이 연합의 관계를 포도나무와 그 가지들로 표현하셨다. 포도나무에 가지가 붙어 있으면 열매를 맺고 나무에서 떨어지면 아무 열매도 못 맺고 말라진다고 하셨다. 이 포도나무와 가지의 관계처럼 그리스도와 믿는 자들의 연합관계를 '내 안에 거함'으로 표현하셨다 (요 15:1-7).

7.1.1.6. 연합은 그리스도와 한 몸이 됨

이와 같이 그리스도와 믿는 사람들의 연합이 포도나무와 가지들의 관계와 같다면, 그리스도와 믿는 자들은 한 나무가 되는 것이다. 그러면 그리스도는 머리이고 믿는 자들은 그리스도의 몸의 지체가 된다. 한 나무의 가지들이고 한 몸의 지체가 되면 둘은 하나의 동일한 생명으로 살게 된다.

바울은 그리스도와 믿는 자들이 연합한 것을 몸과 지체들의 관계로 표현하였다 (고전 12:12-27; 롬 12:4-5). "몸은 많은 지체가 있고 몸의 지체가 많으나 한 몸임과 같이 그리스도도 그러하니라" (고전 12:12). 또 이어서 바울은 "너희는 그리스도의 몸이요 지체의 각 부분이라"고 말한다 (고전 12:27).

이렇게 믿는 자들이 믿음고백으로 그리스도와 연합하면 한 몸이 되고 한 나무가 된다. 그래서 머리에서 나오는 생명으로 살고 뿌리에서 올라오는 생명으로 산다.

따라서 믿는 자들이 사는 길은 그리스도와의 연합을 계속하는 데 있고 더욱 굳게 하는 데 성립한다. 그리스도와 늘 교제하여 그에게서 은혜와 생명과 능력을 받아야 살 수 있다. 가지가 나무에서 한 시라도 끊어지면 그 가지는 그냥 말라버린다. 마찬가지로 그리스도인들도 그리스도와의 연합을 이어갈 때만 그리스도인이 되고 그리스도인으로 남고 그리스도의 생명과 은혜로 살 수 있다.

칼빈은 그리스도와의 연합으로 믿는 자들이 그의 살 중의 살이요 그의 뼈 중의 뼈가 되어 그리스도와 하나가 된다고 하였다 (Institutio, III, 1, 3). 이어서 이 연합을 통하여 날마다 그리스도가 점점 더 우리와 한 몸으로 자라나서 결국 우리와 완전히 하나가 되신다고 가르친다 (Institutio, III, 2, 24).

칼빈은 그리스도와의 연합을 자기 신학의 중심점으로 삼았다. 그리고 그리스도와의 연합을 모든 구원 은혜의 통로로 보았다.

이렇게 믿는 자들과 그리스도가 연합하는 것은 믿음고백으로 이루어진다. 연합은 믿음고백 후 의롭다는 선언과 함께 이루어진다고 정의해야 합당하다.

믿는 자들이 그리스도의 몸에 연합하는 것 혹은 그의 몸에 접붙이는 것은 성령이 이루신다. 성령이 이루시므로 신비한 연합이다. 신비한 연합을 지성적으로 설명하여 알아듣게 할 수 없다. 이 연합은 물리적, 육체적 연합이 아니고 영적, 인격적 관계이므로 신령한 연합이다 (unio spiritualis).

7.1.1.7. 그리스도와의 연합: 신비한 연합; 실체적 연합이 아님

그리스도와의 연합이 신비한 연합 (unio arcana)이지만 가장 실재적이고 구체적인 연합이다. 칼빈이 말한 대로 이 연합으로 믿는 자들이 그리스도와 한 살이 되고 한 뼈가 되어 하나로 자라간다.

그러나 이 신비한 연합은 실체적인 연합 (unio substantialis)이 전혀 아니다. 그리스도의 신성이 믿는 자들에게 주입되어서 연합되는 것이 아니다. 법정적인 칭의를 반대한 오시안더 (Andreas Osiander, 1498-1552)는 칭의를 말할 때 그리스도의 신성이 믿는 자들 안에 실질적으로 내주하므로 의롭다 함을 받는다고 주장하였다. 이런 일은 결코 일어나지 않는다.

칼빈은 이 주장을 강하게 비판하였다 (Institutio, III, 11, 5-12). 우리가 그리스도와 연합하는 것은 성령의 신비한 능력으로 되는 것이지 하나님의 본질이 사람들 안에 부어져서 되는 것이 아니라고 반박하였다. 그런 주장을 하는 오시안더가 마니교도들과 같다고 하였다 (qui tenemus nos cum Christo uniri arcana Spiritus eius virtute. Conceperat vir ille quiddam affine Manichaeis, ut essentiam Dei in homines transfundere appeteret; Institutio, III, 11, 5) 그리스도의 본질이 우리의 본질과 섞이는 것을 칼빈은 전적으로 부정하였다.

이렇게 그리스도의 신성이 믿는 자들 안에 거주하여 의롭게 되면 결국 믿는 자들이 신이 되는 일 (deificatio)이 일어나야 한다. 그런 것은 고대교회 말기부터 시작하여 중세 신비주의가 추구하였던 일이다. 그러므로 종교개혁자들은 이런 주장을 전적으로 부정하고 배척하였다.

7.1.2. 연합의 시기

7.1.2.1. 믿음고백 시에 연합이 이루어짐

그리스도와의 연합이 거듭남과 믿음고백에 이어진다고 할 때에 시간적인 경과를 말하기 어렵다. 그것은 죄용서와 의롭다 하는 선언과 동시적이라고 해야 한다. 시간적인 순서를 말한다면, 믿음고백을 할 때 죄용서가 이루어지고 의롭다 하는 선언이 온다. 믿음고백과 동시에 그리스도와의 연합이 이루어진다고 해야 정확하고 믿음의 진리와 일치한다.

그리스도를 믿는다는 믿음고백 이전에 그리스도와의 연합이 이루어진다고 볼 것이 전혀 아니다. 칼빈의 주장대로 거듭나기도 전에 그리스도가 믿을 자들을 자기에게 연합시킨다면, 믿음과는 아무런 상관도 없는 자들을 자기에게 연합시키는 것이 된다. 하나님이 죄인을 그 자체로 받을 수 없고 주 예수를 믿는다는 고백을 해야 자기의 자녀로 받아들이신다. 그리스도와의 연합도 그리스도를 믿는다는 믿음고백이 있어야 성령의 역사로 이루어진다.

그러므로 교회의 모든 사역은 그리스도와의 연합을 강화하는 것이어야 한다. 그리스도와의 연합을 강화하는 것은 믿음 외에 새로운 영적 사건이 일어남을 뜻하지 않는다. 믿음으로 그리스도와 연합되었으므로 이 연합을 강화하는 것은 그리스도를 믿는 믿음을 강화하는 것 외에 다른 것이 아니다.

7.1.3. 연합: 은혜의 통로

거듭나서 믿음고백을 할 때 그리스도와의 연합이 이루어지면 하나님은 구원 은혜와 여러 선물들을 믿는 자들에게 부어주신다. 이 연합에서 모든 구원 은혜가 사람들에게로 흘러간다.

그리스도 자신이 생명의 떡이므로 (요 6:34-58) 사람들은 떡을 먹어야만 살 수 있다. 그리스도를 생명의 떡으로 먹는 것은 그의 생명을 늘 공급받는 것을 말한다. 이 생명의 떡을 먹으므로 주리지도 않고 목마르지도 않게 된다 (요 4:14; 7:37-39). 그리스도의 생명이 늘 주어지기 때문이다. 생명의 떡은 그리스도의 구속사역 외에 다른 것이 아니다.

이 연합과 함께 성령의 내주가 이루어지고 따라서 영생의 보증이 주어진다 (엡 1:13-14; 4:30). 성령이 그리스도와 믿는 자들의 연합을 이루시고 그들 안에 내주하기 시작하신다.

제2절 성령의 내주 (inhabitatio Spiritus Sancti)

7.2.1. 성령의 내주

주 예수를 믿는다고 고백하면 죄용서를 받아 의롭다 함을 얻는다. 이때 성령이 믿는 자들을 그리스도에게 연합시키고 그 연합의 띠로 역사하신다. 그리하여 그리스도와 믿는 자들 간의 연합은 끊어지지 않는다. 성령이 연합을 이루고 보증하시기 때문이다.
그리고 성령이 그들 안에 거주하신다 (엡 2:22; 4:30).

7.2.1.1. 성령이 그리스도와 연합된 사람들 안에 거주

성령은 그리스도와 연합을 이룬 자들 안에 거주하신다(inhabitatio Spiritus Sancti, 고전 3:16; 6:19; 엡 2:22; 4:30; 살전 4:8; 롬 5:5). 성령이 내주하시므로 그리스도와 믿는 자들 간의 연합을 확고하게 하고 그 연합을 지속시키신다.

7.2.1.2. 성령의 내주: 믿는 자들과 지속적이고 항속적인 인격적 관계를 맺음임

성령은 믿는 자들을 그리스도에게 연합시키면서 동시에 믿는 자 안에 거주하신다. 믿는 자들 안에 그가 거주하시는 것은 물리적이고 신체적인 것이 아니라 영적이고 인격적으로 계시는 것이다. 따라서 성령의 내주는 성령이 믿는 자와 지속적이고 항속적인 인격적 관계를 맺으심을 말한다. 그 관계는 해소되지 않는다. 다시 말하면 믿는 자들 안에 성령의 거주는 해소되지 않는다. 성령이 그의 주권적인 역사로 믿는 자들을 그리스도에게 연합시키고 이 연합에 근거하여 믿는 사람들 안에 거주하시기 때문이다.

7.2.1.3 성령 내주의 증거: 하나님을 아버지라고 부름

성령이 믿는 사람들 안에 거주하실 때는 아들의 영 혹은 그리스도의 영으로 거주하신다 (갈 4:6; 롬 8:9, 11, 15). 성령이 아들의 영으로 우리 안에 지속적으로 사시므로 우리가 아들의 영에 의해서 하나님을 아빠 아버지라고 부른다 (갈 4:6; 롬 8:15). 아들의 영인 성령의 내주로 우리가 하나님을 아빠 아버지라고 부르게 되었다.

하나님을 아빠 아버지라고 부르신 이는 성경 역사와 모든 종교 역사에서 예수 그리스도 한 분뿐이시다 (막 14:36). 그런데 하나님을 아빠 아버지라고 부르신 이의 영이 우리 안에 오심으로 우리도 하나님을 아빠 아버지라고 부르게 되었다 (갈 4:6; 롬 8:15-16).

성령의 내주는 성령 파송자가 약속하셨다 (요 14:16). 주 예수를 믿으면 성령이 우리 안에 오셔서 역사하시므로 생수의 강이 되어 우리 안에 흐른다고 하였다 (요 7:37-38). 이 생수의 강은 믿는 자가 받을 성령이다 (요 7:38).

7.2.2. 성령으로 인침: 성령의 내주

하나님은 성령으로 믿는 자들의 마음에 거주하게 하시므로 그들을 자기의 소유로 인치시고 구원을 보증하신다 (엡 1:13; 4:30).

하나님이 믿는 자들에게 성령을 내주하게 하시는 것은 그들을 자기의 아들들로 삼으셨음을 말한다 (갈 4:6; 롬 8:15). 하나님께서 믿는 자들에게 아들의 영을 보내셨다. 그러므로 하나님을 아버지라고 부르신 예수 그리스도 (막 14:36) 하나님의 아들의 영에 의해 믿는 자들이 하나님을 아버지라고 부른다 (갈 4:6; 롬 8:15). 그 영이 우리 영에게 '너희가 하나님의 아들'이라고 증거하시기 때문이다 (롬 8:16).

7.2.2.1. 성령의 내주: 믿는 자들의 부활과 영생 보증

믿는 자들을 자기의 아들들로 삼으신 하나님은 성령을 그들에게 보내시므로 그들이 자기의 자녀인 것을 확증하신다. 성령이 믿는 자들 안에 거주하시는 것은 우리가 얻은 구원 곧 부활과 영생을 보증하는 것이다 (엡 1:14; 4:30; 고후 1:22). 그러므로 믿는 자들은 하나님의 자녀가 됨과 동시에 부활과 영생을 확실하게 약속받았고 그 보장을 가진 것이다.

하나님은 성령을 우리의 부활과 영생의 보증 ($\alpha\rho\rho\alpha\beta\omega\nu$)으로 우리

마음에 보내셨다 (고후 1:22; 5:5). 왜냐하면 성령이 우리 몸의 구속 곧 부활의 보증으로 보내어졌기 때문이다 (롬 8:23; 엡 1:14).

성령을 우리 부활의 보증으로 모셨다는 것은 하나님이 성령으로 예수 그리스도를 살리신 것처럼 우리 죽은 몸을 성령으로 살리실 것을 보장하는 것이다 (롬 8:11).

7.2.3. 성령으로 하나님을 아버지라고 부름

7.2.3.1. 성령이 믿는 자들로 하나님을 아버지라고 부르게 함

하나님을 아빠 아버지라고 부른 (막 14:36) 아들의 영이 우리에게 오시므로 우리도 하나님을 아빠 아버지라고 부르게 되었다 (롬 8:15; 갈 4:6).

이것은 성령이 믿음고백을 할 때부터 믿는 자들 안에 거주하심을 말한다. 사람들이 믿음고백을 할 때 성령이 그들 안에 내주하시므로 하나님께 처음 기도하지만 하나님을 아버지라고 부른다.

7.2.3.2. 하나님을 아버지라고 불러 기도함: 성령 모심의 확실한 증거

하나님을 아버지라고 불러 기도하는 것은 성령이 믿는 자 안에 거주하신다는 가장 확실하고 분명한 증거이다. 그것은 믿는 자가 하나님의 아들이 되었다는 것을 증거하는 것이다.

7.2.3.3. 성령 내주로 아들이므로 상속자가 됨

아들이 되었으면 아들 하나님과 함께 하나님의 상속을 받게 되어 있다. 하나님이 처음에 아들로 창조를 이루시고 모든 창조를 아들의 소유로 정하셨다 (요 3:35; 히 1:2).

믿는 자들이 하나님의 아들들이 되므로 하나님의 후사가 되었다 (롬 4:14, 16; 8:17). 더구나 유대인들이 아니고 이방인들이 믿음으로 후사가 되었다 (엡 3:6). 이방인들이라도 믿음으로 하나님의 아들들이 되었으므로 하나님의 후사가 되어 영생을 상속받게 되었다 (딛 3:7). 하나님의 아들, 그리스도와 함께 상속자가 되었다 (롬 8:17).

7.2.4. 성령의 내주: 거룩하게 됨 (sanctificatio)을 시작하심

성령은 믿는 자들 안에 거주하시므로 (고전 6:19; 고후 6:16) 그들을 거룩하게 하신다.

7.2.4.1. 성령은 그의 내주로 믿는 자들을 거룩하게 하심

성령은 믿는 자들 안에 거하면서 그들을 자기의 전으로 삼고 (고전 6:19) 거룩하게 하는 일을 시작하신다. 그리하여 그 사람들로 하나님의 온전한 거소가 되게 하신다.

성령이 죄인 되었던 사람들을 거룩하게 하는 것은 육의 욕망을 벗어나게 하여 죄짓는 것을 중단하게 하시는 것이다. 곧 깨끗하게 하시는 것이다.

성령이 믿는 자들을 거룩하게 만드실 때에 자기의 거룩으로 일하시는 것이 아니고, 그리스도의 거룩으로 일하시고 그의 거룩이 사람들 안에 커 가게 하신다.

곧 그리스도의 생명의 역사로 죄의 욕망과 죄 지으려는 생각을 버리는 것이 거룩해지는 것이다.

제8장

거룩하게 됨

(聖化, Sanctificatio, αγιωσυνη)

제1절 거룩하게 하심

8.1.1. 거룩하게 하심

8.1.1.1. 주 예수의 구속사역의 선포에 성령이 역사하셔서 죄를 끊게 하심

성령은 복음으로 부름 받은 자들을 거듭나게 하시고 그들이 믿음고백을 할 때 그들 안에 거주하신다 (요 14:16; 약 4:5; 요일 2:27). 새 백성들 안에 거주하시면서 성령은 그들을 거룩하게 하는 직임을 수행하신다. 곧 죄의 욕망으로부터 깨끗하게 하신다.

8.1.1.2. 성령은 백성을 거룩하게 하여 하나님의 충만한 거주를 준비

성령은 백성들을 깨끗하게 하심으로 하나님의 충만한 임재를 준비하신다. 하나님의 임재를 준비하는 것이 완성되면 하나님은 그의 백성 가운데 오셔서 충만히 거주하신다 (고후 6:16-18; 계 21:3). 그때는 하나님이 백성들 가운데 충만히 거주하시므로 처음 창조경륜을 성취하셔서 만유 안에 만유가 되신다 (계 21:3; 고전 15:28). 하나님은 반역한 백성 가운데 거하시기 위해 그들을 그리스도의 피로 씻으시고 성령으로 죄악을 내어놓고 깨끗하게 되도록 하셨다. 성령은 백성들 안에 거주하시면서 그들의 뿌리 깊은 죄성과 육의 욕망을 죽이신다. 그리하여 죄를 버리고 거룩한 백성이 되어 하나님을 충만하게 모실 수 있게 하신다.

하나님은 죄 있는 백성 가운데 거주하지 못하신다. 그러므로 죄와 죄의 근본인 육 곧 옛사람을 할 수 있는 대로 다 죽이도록 해야 한다. 그러면 하나님이 구속받은 백성들 가운데 충만히 거주하신다.

성령은 하나님의 충만한 임재를 준비하신다 (엡 2:22; 벧전 2:5). 성령은 백성을 깨끗하게 하심으로 하나님이 백성 가운데 충만히 거주하고 (고전 15:28; 계 21:3) 찬송과 경배를 기뻐 받으시도록 하신다. 그러므로 거룩하게 하심이 성령의 가장 중요한 직임이다.

8.1.1.3. 복음선포로 성령은 죄의 욕망을 내려놓게 하심

성화작업이 필요한 것은 사람들이 믿음고백으로 새사람이 되었어도 죄의 뿌리와 육의 욕망이 강하여 시시때때로 옛사람이 나타나기 때문이다. 때때로 옛사람이 역사하여 믿는 사람들로 하여금 죄를 바라고 죄를 좋아하며 죄짓게 한다.

믿는 자들이 게을러지고 믿음생활을 등한히 하며 기도하기를 소홀히 하고 세상을 좋아하며 산다. 그러면 옛사람은 역사하여 옛사람의 법칙대로 살게 한다.

그래서 믿기 전의 상태로 사는 경우가 많다. 죄의 욕망이 육체의 욕구로 나타나 과거의 죄짓는 생활을 좋아하고 죄의 삶을 정상적인 것으로 받아들이게 한다. 죄짓는 것을 죄로 생각하지 않고 산다.

믿는 자들이 하나님의 거소가 될 수 있으려면 죄의 뿌리를 죽이는 작업을 늘 반복해야 한다. 믿는 자들도 죄의 욕망을 육체의 욕구로 채우는 것을 좋아하고 만족해하기 때문이다.

그러므로 죄의 뿌리 혹은 옛사람을 죽이는 일을 반복해야 한다. 이런 작업은 믿는 사람들이 스스로 할 수 없다. 믿는 사람들을 그냥 내버려두면 자연인으로 살고 죄의 욕망과 욕구를 좋아하고 즐기면서 살게 된다.

성령은 믿는 사람들을 권면하여 죄를 버리고 의를 좋아하도록 부단히 깨우치신다. 또 죄의 욕망대로 살면 그리스도인이 아니라 자연인 혹은 형식적인 그리스도인임을 깨우치신다.

이 일은 복음선포로만 이루어낼 수 있다. 말씀의 봉사자는 언제나 복음을 선포해야 한다. 복음선포에 근거해서 성령은 사람들을 거룩하게 하는 일을 하신다. 복음을 선포하면 성령은 사람들로 육의 욕망을 끊게 역사하신다.

성령이 사람들을 거룩하게 하시는 작업은 오직 예수 그리스도의 구속사역의 선포를 통해서만 하신다. 그러므로 그리스도인들이 거룩하게 되는 길은 그리스도의 구속사역의 선포를 끊임없이 듣는 데 있다. 성령이 선포에 역사하셔서 죄의 욕망을 죄로 알게 하고 그치게 하시기 때문이다.

8.1.1.3.1. 거룩하게 됨이 하나님의 사역

하나님의 사역은 믿는 사람들을 거룩하게 하는 것이다. 성화는 값없이 주시는 하나님의 사역이다 (Sanctificatio est gratuita Dei actio). 그리스도인들로 하여금 타고난 죄성 (罪性, pravitas)을 죽이고 거기서 벗어나서 그리스도의 형상으로 새로워지도록 하는 성령의 작업이 거룩하게 하심 혹은 성화 (聖化)작업이다. 거룩하게 되는 작업은 옛사람을 죽이고 새사람을 살림으로 이루어진다.

8.1.2. 구속의 말씀을 선포함으로 옛사람을 죽임 (mortificatio)

믿는 자들 (fideles)이 거룩하게 되는 것은 죄짓는 것을 중단하고 죄의 뿌리를 끊어냄으로 진행된다. 죄의 욕망은 없어지지 않으므로 끊임없이 새사람 혹은 영으로 옛사람을 죽여야 한다.

믿는 자들이 죄의 욕망을 싫어할 수 있는 것은 그 욕망이 하나님의 구속의 도에 어긋난다는 것을 깨달을 때이다. 그리스도가 죄와 죄의 욕망 때문에 십자가에 죽었음을 깨달을 때에만 죄를 싫어하고 죄의 욕망을 거절할 수 있다.

죄의 욕망을 버리고 벗어나는 것이 참으로 어려운 일이다. 거듭난 사람들일지라도 본래 타고난 성향으로는 죄의 욕망을 물리치고 거부할 수 없다.

사람은 그 자체로는 죄를 죄라고 단정하거나 거부할 수 없다. 죄의 욕망이 육체의 욕구로 오는 것을 부정하고 그것을 더러운 것이라고 단정하여 버릴 수 없다. 성령이 그런 죄의 욕망이 더러운 것이라고 깨닫게 하셔야 죄를 버릴 마음을 갖게 된다. 그러나 복음의 선포로 죄의 욕망을 버리기로 해도 죄를 버릴 마음이 오래 가는 것이 아니다. 얼마 지나서는 다시 그전의 삶의 방식을 좋아하고 죄의 욕망을 기뻐하게 된다.

더구나 시험과 유혹을 받을 때는 그리스도인으로서의 자각과 의식은 다 없어지고 욕망 충족과 자기 이익에만 모든 계산과 주의를 집중한다. 이럴 때 옛사람의 욕망이 강하게 작용한다. 그리하여 욕망을 성취하는 것 외에는 다른 최선은 없다고 판정한다. 따라서 죄의 욕망을 성취하기 위해서 온갖 계획과 방책을 마련하고 욕망의 대상에 마음을 집중한다.

그리하여 별 저항과 반대를 만나지 않으면 욕망 성취를 위해 행동한다. 이럴 때 그리스도인으로서 새사람은 간데없고 오직 옛사람만 역사한다.

믿는 자들이 이런 모든 것이 죄악임을 깨달을 수 있으려면 복음선포로 지적받아야 한다. 복음선포에 근거해서 성령이 그리스도인의 양심을 일깨워 그런 행동과 범행은 불가하다는 것을 깨닫게 하시고 버릴 마음을 주신다. 그때에 죄짓기를 중단하고 죄지을 생각을 버리게 된다.

그러나 죄의 욕망이 육체의 욕구로 나타나면 한두 번 혹은 몇 번의 영웅적인 결단과 작정으로는 죄의 욕망을 버리기 어렵다.

8.1.3. 기도로 옛사람을 죽이는 일을 성령께 의탁함

죄의 욕망을 벗어날 수 있으려면 늘 복음을 선포 받고 또 끊임없이 기도해야 한다. 기도는 성령이 내 옛사람을 죽이도록 기회와 자리를 내어놓는 것이다. 그리스도인의 기도의 중심은 자기의 옛사람을 죽이는 작업이어야 한다. 곧 성령이 내 옛사람을 죽이시도록 자리를 내어놓는 일을 해야 한다. 옛사람을 죽이는 기도로 그리스도인은 거룩으로 나아간다.

그리스도인들이 육의 욕망을 내어놓는다는 것은 참으로 어려운 일이다. 이런 일을 하는 것은 사람이 칼로 자기의 다리를 베어내는 것과 같다. 더구나 육의 욕망의 성취를 최선으로 삼고 사는 한 참으로 어려운 일이다.

육의 욕망을 이루는 것이 큰 죄악임을 깨달을 때 욕망을 포기할 수 있다. 더욱이 그리스도의 구속 때문에 육신의 욕망을 이루며 살 수 없다고 작정할 때만 욕망을 포기할 수 있다. 이것은 믿는 자가 스스로 할 수 있는 것이 아니라 성령이 깨우치셔야 할 수 있다.

죄의 뿌리가 사람의 본성에 깊기 때문에 죄의 뿌리를 끊고 버린다는 것은 참으로 어려운 일이다. 오직 그리스도의 구속사역 때문에 거룩하게 사는 것이 그리스도인의 당위(當爲)라는 것을 선포 받을 때만이 그런 작정과 실천을 할 수 있다. 복음이 선포되면 성령은 거룩하게 살도록 감화하고 역사하신다.

그럼에도 불구하고 죄에 인박혀서 죄를 따라 살기를 좋아하면, 하나님은 믿는 자들로 고난과 고통을 만나게 하여 회개하게 하신다. 그리하여 다시 그리스도인으로서의 자리로 돌아가게 하신다. 고난당함이 그리스도인으로서 죄를 버리게 하는 가장 좋은 하나님의 해결책이다 (벧전 4:1; 5:10; 시 119:71).

믿는 자들은 고난을 당하면 죄와 죄의 욕망을 버릴 마음을 갖게 되고 회개하여 죄악에 대한 집착에서 벗어나게 된다 (벧전 4:1). 고난이 그리스도인으로 하여금 고질적인 죄악에 대한 집착에서 벗어나게 하는 가장 좋은 처방이다. 그러나 복음선포가 없으면 고난당하여 죄의 욕망을 버리기로 해도 얼마 가지 못한다.

고난당하기 전에는 그리스도인들도 교만하고 자기 과신(過信)이 강하다. 그러나 고난을 당하면 자기의 연약함을 깨닫게 되고, 자기가 즐기는 죄악의 심각성을 보게 되므로 회개하고 죄악을 내려놓게 된다 (시 119:67, 71).

8.1.4. 본성이 된 죄의 욕망

사람이 죽을 때까지 떨쳐버릴 수 없는 욕망이 있다. 그것은 재물욕과 육욕과 자기 성취욕구이다. 이렇게 본성이 된 욕망들을 떨쳐내고 베어내는 것이 참으로 어려운 일이다.

그리스도인들은 기본욕망과 싸워 이겨야 한다. 죄의 욕망들을 물리치고 죽이는 일은 구속을 표현하는 말씀을 적용함으로만 이룰 수 있다.

먼저 욕망들이 어떻게 역사하는지를 살펴보는 것이 합당하다.

8.1.4.1. 재물욕

사람에게 있는 가장 깊은 욕망은 돈에 대한 집착과 성적 욕망이다. 그리스도인들도 동일한 욕망에 매여 있다. 이 두 욕망은 사람이 죽을 때까지 떨쳐버릴 수 없는 욕망이다. 사람은 살면서 생존에 필수적인 먹는 것, 입는 것, 사는 집을 필요로 하고 자녀교육을 위해서나 사회에서 자기의 몫을 할 수 있기 위해서 돈이 필요하다. 또 오락과 모든 사회적인 활동을 하는 데 돈이 필수적이다. 따라서 돈에 대한 욕망은 늘 계속된다.

사람은 사는 날 동안 돈을 벌어서 자기의 생존과 가족의 생존을 책임지기 위해 노력한다. 그러나 돈에 대한 욕구가 더욱 강화되어 돈을 필요 이상으로 소유하기를 바란다. 현대인들에게 돈이 최고선이 되었다. 왜냐하면 돈으로 모든 원하는 일을 성취할 수 있다고 믿기 때문이다. 돈을 위해서라면 모든 법도를 떠나고 모든 것을 희생해서라도 돈을 얻으려고 하고 있다.

바울은 돈을 사랑함이 일만 악의 뿌리라고 하였다 (딤전 6:10). 그냥 돈을 좋아하는 수준이 아니라 돈을 최고선으로 삼는 경지를 의미한다고 보아야 한다. 돈을 위해서는 법도와 질서와 신앙과 인간적인 존엄성도 다 버리고 돈을 얻으려고 하는 것이 돈을 사랑하는 경지이다. 더욱이 자기의 수고를 지불하지 않는 공돈에 집착하고 그것을 얻기 위해 온갖 욕망과 열심을 다하는 것을 돈을 사랑함이라고 이해해야 한다.

바울은 돈을 사랑하므로 (φιλαργυρια) 믿음에서도 떠나고 많은 근심과 염려를 하게 되어 큰 괴로움을 당하게 된다고 하였다 (딤전 6:8-10). 돈 때문에 믿음을 버릴 때는 돈을 지상 (至上) 가치로 여기고 돈을 하나님으로까지 생각하기 때문이다.

돈의 필요 때문에 사람이 양심을 저버리고 신앙의 법도도 떠나게 된다. 돈을 위해서 지조와 정조도 팔고 모든 가치를 부인한다.

돈은 손의 수고를 통해서 벌어야 한다. 그래야 그 돈이 정당한 돈이고 문제가 없게 된다. 돈은 손의 수고에 대한 대가이기 때문이다. 따라서 수고를 하지 않고 돈을 얻는 것은 도적질이다.

돈을 최고선으로 인정하면 돈을 위해서는 부모자식 간의 관계,

형제들 간의 관계, 친구들 간의 관계도 다 무너진다. 이런 상황에 처하면 믿음을 최선으로 여기는 것이 아니라 오히려 돈을 모으는 일에 방해가 되는 것으로 여긴다. 그래서 돈을 위해서는 믿음도 손쉽게 포기한다. 양심도 저버린다. 돈을 위해서 넘지 못할 선(線)이 없어진다. 돈만 얻을 수 있다면 무슨 일이든지 무슨 범죄든지 다 할 수 있게 된다. 이렇게 하여 돈을 하나님보다 더 높이고 최고선으로 인정하는 마음이 굳게 자리 잡는다.

이렇게 돈에 대한 집착이 과도해지면 그것은 탐욕이 된다. 바울은 탐심 (πλεονεξια)을 우상숭배로 정의하였다 (골 3:5). 죄가 사람의 정당한 욕망을 탐심으로 만들었다 (롬 7:8). 죄가 정당한 인간의 욕망을 과도한 소유욕으로 만들었고 이에서 나아가 우상숭배까지 되었다. 그래서 주님은 탐심을 물리치라고 명하셨다 (눅 12:15). 왜냐하면 사람의 생명이 재물을 많이 모음에 성립하지 않기 때문이다.

탐심이 우상숭배인 것은 돈 혹은 재물의 소유욕이 과도해져서 돈이 하나님보다 더 귀하고 가치있는 것이 되기 때문이다. 돈을 위해서 모든 것을 희생하고 돈을 최고선으로 삼기 때문에 인간의 법도와 모든 가치를 굽힌다. 그래서 종교영역에서 탐심 때문에 종교의 이름으로 사람들을 이용한다 (벧후 2:3). 즉 종교와 사람들을 이익의 대상으로 삼는 것을 말한다.

돈에 대한 집착은 사람이 사는 동안 그 사람에게서 떠나지 않는다. 모든 생각이 돈에 집중되면 돈이 하나님의 자리를 대신한다고 보아야 한다. 그러면 하나님을 믿는 것도 돈을 위해서 하는 것이 된다. 오히려 하나님을 이용하고 있다고 보아야 합당하다. 이런 면에서 루터는 사람은 자기에게로 구부려져 있다고 하였다 (incurvatus in se). 왜냐하면 모든 것을 자기를 위해서 이용하고 하나님까지도 이용하기 때문이다.

그러므로 탐심을 물리치고 열심히 일하여 자기의 삶을 꾸려나가야 한다.

8.1.4.2. 육욕

사람은 성적 존재로 태어났다. 사람은 성적 결합으로 태어났으므로 성적 행위를 하는 것이 본성이 되어 있다. 사람은 누구나 이 방식으로 존재하고 성적 활동을 계속하려는 욕구를 갖고 있다. 성적 욕망이 늘 역사하고 작용하여 성적 행위를 수행하는 것을 정당한 삶의 방식으로 여긴다. 성적 욕구는 제거할 수가 없다. 돈에 대한 욕망처럼 성적 욕망도 사람의 삶에서 벗어버릴 수 없다.

성적 욕망의 충족을 위해서 결혼제도가 세워져 있다. 결혼제도는 창조질서이다. 왜냐하면 창조주가 인류의 번창과 사람의 인격의 완성을 위해서 이 제도를 세우셨기 때문이다. 성적 행위는 결혼제도 안에서만 허용된 인격적인 행위이다.

그러나 죄가 인간의 정상적인 성적 욕망을 탐욕으로 바꾸어 결혼제도 안팎에서 성적 욕망 성취를 궁극적인 삶의 목적으로 삼게 하였다. 사람은 결혼제도 밖에서 성적 욕망을 성취할 대상을 늘 바란다. 그리고 그 욕구를 충족하기를 바라고, 그 성취를 위해서 시간과 계획과 힘을 동원한다. 그러나 욕망을 충족하여도 그것으로 만족하지 못한다. 한번 일을 이루었으면 그 대상을 늘 확대하기를 바란다. 능력만 되면 이 욕망을 충족하기를 바라는 욕구를 쉬지 않는다. 모든 사람들이 성적 욕망으로 지배되어 살고 그 욕망에 늘 마음을 모은다. 그러므로 성적 욕망도 탐욕이 된다.

아우구스티누스는 이 근본적인 육적 욕망을 육욕(concupiscientia)으로 표현하였다. 이 두 가지 근본 욕망과 관련하여 온갖 죄악이 생성되고 일어난다.

8.1.4.3. 자기 성취 욕구

재물욕과 성적 욕망을 벗어나도 마지막까지 벗기 어려운 깊은 욕구가 있다. 그것은 바로 자기충족(ego gratificatio) 욕구이다. 사람에게 가장 중요한 것이 자기 자신이다. 통상 사람에게 자기 삶의 목적도 자기 자신이다.

사람은 자기가 자체 목적이기 때문에 모든 삶을 자기를 위해서 산다. 자기과시를 위해서 모든 행동을 하며 산다. 그리고 모든 일을 자기를 현시하기 위해서 할 뿐 아니라 모든 것을 자기를 위해서 이용한다. 루터가 말한 대로 심지어 하나님까지 이용해서 자기 목적을 달성하려고 한다. 사람에게 자기 자신보다 더 소중한 것은 없으므로 모든 것을 다 이용하여 자기를 드러내고 자기만족을 얻을 뿐만 아니라 하나님도 자기충족을 위해서 하나의 도구로 이용한다.

그뿐만 아니라 자기 자신이 다치지 않게 모든 일을 한다. 어떤 사람이든 자기의 인격이 짓밟히는 것은 참을 수가 없다. 그래서 사람들은 자기 방어선을 많이 친다. 그러나 짓밟히는 자기의 인격을 지키는 것이 아니라 자기를 내세우기 위해서 모든 일을 하는 것이 문제이다.

자기를 드러내는 것에 모든 것을 집중하는 것은 자기평가에 대한 부족을 메우기 위한 작업이기도 하다. 자기평가가 낮을 때 사람은 자기과시를 많이 한다. 그리하여 자기의 뛰어남을 증명해 보이려고 노력한다.

사람은 모든 삶의 활동에 있어서 자기를 자기 삶의 목표로 삼고 자기를 위해 모든 일을 한다. 자기 자신보다 더 큰 목표도 없고 더 큰 가치도 없다. 자기의 삶의 마지막 목표는 자기 자신이다.

물론 사람은 자기 자신을 위해서 산다. 자기 자신이 산다. 그러므로 자기의 생존을 위해서 모든 일을 한다. 자기의 생존을 지키는 것이 자기에게 주어진 제일 큰 사명이다. 자기의 생존을 지키기 위해서 다른 사람의 생존을 해치거나 부정하기도 한다. 모든 것을 희생해서 자기만을 유익하게 하려고 한다. 그리고 모든 것을 자기를 중심으로 구성하려고 한다.

사람은 자기의 큼을 인정받는 것을 최선의 가치로 친다. 또 인정받음으로 자기만족을 누린다. 사람은 자기를 인정받기 위해서 모든 일을 한다. 모든 모험과 도전도 받아들이고 자기의 목표점을 이루어 낸다. 그리하여 자기과시를 성취한다.

자기 성취에 집착하는 것은 오직 한 가지 곧 자기를 과시하려는 강한 욕망 때문이다. 이 욕망을 이루기 위해서 모든 것을 행한다. 강한 집착은 가히 악마적이다. 자기 성취를 위해서 다른 사람의 존재가 방해가 된다고 하면 그를 제거하려고 한다.

정상적으로 자기 성취가 이루어지지 않으면 사람은 폭력에 호소한다. 폭력에 호소하는 양식은 여러 가지이다. 폭력행사는 개별적으로도 이루어지고 집단적으로도 이루어진다. 목표가 같은 사람들이 조직을 이루어서 혹은 같은 생각을 가진 사람들이 다른 집단에 대해 폭력을 행사한다. 폭력행사도 목표가 성취되면 정당화한다.

사람이 자기를 목표로 하고 살기 때문에 이기주의가 강하게 되고 완악해진다. 이기주의는 자기중심적인 삶을 이루기 위한 자기 방어기제(防禦基劑)이다. 사람의 중심과 목표가 자기 자신이므로 이기주의가 자연적인 삶의 방식으로 정착하였다. 이기주의는 지역적인 형태와 국가적인 형태를 띤다.

사람이 자기를 자기의 목표로 삼고 살므로 그리스도인이 되었어도 이 본성이 변화되지 못하였다. 본래 사람의 삶의 목표인 하나님을 위해서 사는 것이 아니라 오히려 하나님을 이용하여 자기 성취를 이루려고 한다. 하나님이 무상의 가치와 목표가 아니라 사람 자신이 목표이므로 자기의 성취 혹은 자아만족을 위해서 모든 것을 희생한다. 그래서 진심으로 하나님을 위해서 사는 삶을 살지 못한다. 하나님을 위해서 사는 사람들도 많이 있기는 하다.

사람들이 제도적인 종교 활동을 하는 자에 속하면 그런 섬김을 통해서 결국 자기 자신을 과시하는 데 귀착하는 경우가 많다. 하나님을 위해서 산다고 하면서 자기 자신을 과시하는 일을 위해서 진력하는 것이다.

십자가에 자기 자신을 못 박음으로만이 자기 자신을 죽이고 자기 자신을 목표하는 데서 하나님을 목표하는 데로 바꿀 수 있다. 이것은 뿌리 깊은 자기과시의 욕망을 십자가에 못 박는 것을 뜻한다. 그뿐만 아니라 내가 하나님의 자녀인 것을 인정하면 사람의 본래 자리로 돌아온 것이므로 자기의 본질에 도달한 것이다. 따라서 자기 성취의 욕망이 완성된다. 사람이 본래 지정된 자리로 돌아가므로 하나님의 백성이 되고 하나님의 자녀가 되어 자기의 존재목적에 이른다. 이로써 자기의 성취 욕망을 다른 데서 구할 필요가 없어지므로 자기추구의 광기(狂氣)에서 해방된다. 하나님을 모셨으니 더 이상 하나님 아닌 것에서 만족을 구할 필요가 없어진 것이다.

제2절 성경적 성화법: 거룩하게 됨은 구속사역의 말씀을 적용하여 이루어짐

그리스도인이 죄의 욕망을 버리고 거룩하게 되는 일은 복음의 말씀을 적용하므로 된다. 행함으로 되는 것이 아니다 (시 119:9; 요 15:3; 13:9-10).

성화과정에서 선행을 하는 것은 의롭다 함을 받은 결과이다. 의롭다 함을 받았으므로 성령이 역사하셔서 선행을 행하게 하신다. 세미 펠라기안주의와 알미니우스의 가르침처럼 선행으로 거룩하게 되고 깨끗하게 되는 것이 결코 아니다.

사람이 거룩하게 되는 길은 말씀으로 되는 것임을 주님 자신이 밝히셨다. 요 17장 '대제사장의 도고'에서 주님은 우리들을 거룩하게 하시기를 아버지께 구하셨다. "저희를 진리로 거룩하게 하옵소서. 아버지의 말씀은 진리니이다" (요 17:17). 여기서 말씀은 그리스도의 구속사역이다.

믿는 사람들이 죄의 욕망을 버리고 거룩하게 되는 것은 그리스도의 구속의 말씀의 적용으로만 이루어진다. 그리스도의 구속의 말씀 적용 외에는 결코 거룩하게 됨이 불가능하다.

죄의 욕망과 싸울 때 내 힘으로 하는 것이 아니다. 그리스도의 구속의 말씀을 적용하므로 죄의 욕망이 흩어져서 거룩하게 되는 길로 나아간다. 이때에 성령이 그 말씀의 내용을 따라서 역사하시기 때문이다.

행함으로 거룩함을 이루려고 하면 결코 성공하지 못하고 매번 실패한다. 성화를 이루기 위해서 선행을 하는 것이 결코 아니다. 선행을 행하여 거룩함을 이룰 수가 없다.

성령은 그리스도의 구속의 말씀을 적용할 때만 역사하신다. 그리하여 죄의 욕망을 버리고 거룩으로 나아가게 하신다. 그리스도의 구속사역을 나타내는 말씀을 적용하여 성화가 이루어지므로 성화는 전적으로 은혜의 역사이다. 성화작업에 사람이 동사하는 것이 아니다.

그리스도인이 그리스도의 구속사역의 말씀을 선언하는 것은 자신에게 복음을 선포하는 것이다. 구속의 복음의 말씀을 선언할 때에 성령이 역사하시므로 죄의 욕망을 버리게 된다.

복음선포와 구속의 말씀 적용으로 죄의 욕망을 이기고 거룩하게 되는 법을 교회가 알았더라면, 수도원을 세워서 고행하지 않아도 될 것이었다. 또 종교개혁교회에서도 성화를 힘쓸 때 율법주의의 망령에 사로잡혀서 괴로운 삶을 살며, 실패에 실패를 거듭하는 삶을 살지 않아도 되었을 것이다.

8.2.1. 성령이 역사하시는 방식

성령은 언제나 인격적으로 일하신다. 성령이 우리 안에 계시지만 우리의 인격적인 결정과 요청 없이는 역사하시지 않는다. 따라서 우리가 인격적인 결정으로 죄악을 범할 때에 성령은 그것을 멈추어 못하게 하시지 않는다. 인격적인 결정으로 일하였으므로 그 일을 끝내도록 내버려두신다.

성령이 우리를 거룩하게 하기 위해서 오셨지만 스스로 일하시는 것이 아니다. 반드시 인격적으로 우리를 대하신다. 인격적으로 일하신다는 것은 말씀을 따라 일하시는 것을 말한다. 성령은 우리를 거룩하게 하는 일을 하실 때 반드시 말씀을 따라 일하신다.

우리가 죄의 욕망으로 괴롭힘을 당하고 있을 때 성령은 자동적으로 우리로 욕망을 이기도록 역사하시는 것이 아니다. 곧 성령은 독자적으로 사역하지 않으신다.

성령은 그리스도의 구속사역으로 일하시기 때문에 구속의 말씀을 활용할 때에만 역사하신다. 성령의 역사를 위해서 그리스도의 구속과 관련된 말씀을 선언하는 것이 필수적이다. 개별 그리스도인이 구속의 말씀을 선언하는 것은 그리스도인 각자가 자기에게 하는 복음선포이다.

그것은 주 예수의 피가 나를 모든 죄에서 깨끗하게 한다고 선언하는 것이다 (요일 1:7). 또 내가 그리스도와 함께 죄에 대하여 죽었다고 선언하는 것이다. 그리스도로 말미암아 세상이 나를 대하여 십자가에 못 박혔고 나도 세상에 대하여 그러하다고 선언한다 (갈 6:14). 이렇게 말씀을 선언하면 성령이 역사하셔서 죄의 욕망을 버리게 하고 깨끗하게 살게 하신다.

성령이 내 안에 거주하심을 믿기만 한다고 역사하시는 것이 아니다. 반드시 말씀 선언이 있어야 그 말씀대로 역사하신다.

8.2.2. 죄의 욕망을 이기는 길

그리스도인의 삶에 있어서 거룩하게 되는 길은 그리스도의 구속의 말씀을 적용해서 이루어진다. 죄의 욕망을 버리고 거룩하게 되는 것은 인간의 성화 노력으로 결코 되는 것이 아니다. 오직 그리스도의 구속사역을 표현하는 말씀을 적용하므로 이루어진다.

이 성경적 성화법을 적용하기 전에는 아무리 옛사람을 죽이고 새사람을 살리려고 해도 그렇게 할 수가 없다. 결코 사람의 노력으로는 죄의 욕망을 버리고 거룩하게 사는 길로 들어갈 수가 없기 때문이다.

칼빈은 성화의 법으로 옛사람을 죽이면 새사람이 살고 새사람을 살리면 옛사람이 죽는다고만 말했다. 그는 그리스도인의 삶은 끊임없이 육을 죽이는 일을 계속하는 것이라고 하였다 (Institutio, III, 3, 20). 옛사람을 죽이는 법으로 십자가의 훈련 곧 투쟁만을 (Institutio, III, 9, 1) 말하였다.

칼빈은 세례에서 원죄가 제거되었다는 것을 강조한다 (Institutio, IV, 15, 10). 죄과는 용서되어 제거되었지만, 죄의 법은 남는다 (Institutio, III, 3, 12. 13). 죄의 욕망은 결코 죽지 않고 남아 있으므로 이 욕망이 우리를 지배하지 않도록 욕망을 제재하고 성령을 따라야 한다고 강조하였다 (Institutio, III, 3, 14; IV, 15, 9).

그러므로 육을 죽이는 것을 소홀히 하면 안 되고 본성의 부패 때문에 늘 회개해야 한다는 것을 주장하였다 (Institutio, III, 3, 18). 회개의 시작은 죄를 미워함으로 시작한다. 따라서 그리스도인의 삶은 끊임없이 육을 죽이는 작업이라고 정의하였다 (Institutio, III, 3, 20).

칼빈은 육을 죽이면서 우리 안에서 성령이 지배하시게 해야 한다

(Institutio, III, 3, 20)고 말하였다. 곧 죄가 지배하지 않도록 하는 것이다 (Institutio, IV, 15, 12). 어떻게 죄의 욕망을 이길 수 있는가? 자기 자신이 죄인임을 인정함과 함께 우리 자신이 깨끗하지 못하고 더럽다는 것을 인정해야 한다 (Institutio, III, IV, 18)고 하였다.

어떻게 죄의 욕망을 이길 수 있는가? 반복적으로 회개하면 죄의 욕망을 이길 수 있는가? 죄의 욕망이 일 때 어떻게 그 욕망을 죽일 마음을 가질 수 있는가?

칼빈의 가르침에 죄의 욕망을 이기는 법으로 그리스도의 피에 호소함이 없다 (요일 1:7). 그리스도의 구속사역을 표현하는 말씀을 선언함으로 죄의 욕망을 이길 수 있다는 것은 전혀 생각하지 못하였다.

그의 후계자들도 이 가르침을 넘어갈 수가 없었다. 17세기 존 오 원도 칼빈을 글자대로 반복해서 옛사람을 죽이면 새사람이 살아나고 새사람을 살리면 옛사람이 죽는다고만 하였다.

이런 개혁신학의 한계 때문에 죄의 욕망을 이기고 거룩해지기 위해서 금식과 고행을 하는 것을 정당한 법으로 알게 되는 감리회의 성화법이 생겨났다. 죄의 욕망을 버리고 거룩한 삶을 살기 위해 인간적인 노력 곧 금식과 고행으로 옛사람의 욕망을 이기려고 하였다.

죄의 욕망을 이길 수 있는 유일한 길은 그리스도의 흘리신 피에 호소하고 그리스도의 십자가가 내 옛사람을 처분하였다고 선언하는 것밖에 없다.

성경이 어떻게 인간적인 노력으로 아니고, 전적으로 은혜로만 곧 그리스도의 피와 구속사역에 호소하고 믿음으로만 옛사람의 욕망을 이기는지를 가르치는 것을 살펴보는 것이 합당하다. 그리고 이 법이 빨리 알려지고 시행되는 것이 절대적으로 필요하다.

8.2.2.1. 주 예수의 피가 나를 모든 죄에서 깨끗하게 한다고 선언함으로 죄의 욕망을 이김

주 예수의 피의 역사 (役事)를 선언함으로 죄의 욕망을 이긴다. 사도 요한은 하나님의 아들 예수의 피가 우리를 모든 죄에서 깨끗하게 할 것이라고 가르친다 (요일 1:7).

죄의 욕망이 일 때 그 아들 예수의 피가 나를 모든 죄에서 깨끗하게 한다고 선언해야 한다. 이 선언에 죄의 욕망이 소산된다. 깨끗하게 한다는 동사의 시제가 현재형이다 (καθαρίζει). 이것은 우리가 처음 믿음고백을 할 때 우리의 죄를 씻는다는 뜻이 아니다. 우리가 그리스도인으로 살면서 (우리가 빛 가운데 행하면) 하나님의 아들의 피를 적용하면 현재 우리 속에서 일어나는 죄의 욕망에서 우리를 깨끗하게 한다는 뜻이다.

그리고 죄에서 깨끗하게 한다고 하였지 죄 가운데로부터 깨끗하게 한다고 말하지 않았다. 죄를 범하여 그 속에 살고 있는데 그의 아들의 피가 우리를 모든 죄에서 깨끗하게 한다는 것이 아니다. 믿음으로 살면서 죄의 욕망이 일 때 그의 피를 말하면 그 피가 나를 모든 죄로부터 깨끗하게 한다고 하였다. (καὶ τὸ αἷμα Ἰησοῦ τοῦ υἱοῦ αὐτοῦ καθαρίζει ἡμᾶς ἀπὸ πάσης ἁμαρτίας. 요일 1:7).

죄의 욕망이 강하게 일 때 주 예수의 피가 나를 모든 죄에서 깨끗하게 한다고 선언하면, 성령이 그 말씀에 역사하시므로 내 죄의 욕망이 소실된다. 이 선언으로 죄의 욕망을 이겨내어 죄짓지 않게 된다.

8.2.2.2. 그리스도로 말미암아 세상과 내가 십자가에 못 박혔다고 선언하여 안목의 정욕을 이김

그리스도의 십자가로 나와 세상이 못 박혔음을 선언하므로 죄의 욕망을 이긴다. 안목의 정욕으로 죄의 욕망이 강하게 일 때 그리스도로 말미암아 세상이 나를 대하여 십자가에 못 박히고 내가 또한 세상을 대하여 십자가에 못 박혔다고 선언한다 (갈 6:14).

이 진리의 선언에 성령이 역사하므로 죄의 욕망이 소실된다. 그리고 이 선언을 마음에 믿으면 죄의 역사가 힘을 내지 못하고 죽는다. 나의 육적 욕망도 죽었으므로 더 이상 육체적 욕구를 성취하도록 힘을 내지 못한다. 나는 십자가에 못 박힌 자이기 때문에 내 육적 욕망이 살아서 역사하지 못한다.

육의 욕망에 대하여 죽었으므로 그 죽음을 그대로 인정한다. 그러면 죄에 대하여 죽었으므로 죄의 욕망이 주관하지 못하게 된다 (롬 6:14).

율법의 방식으로 죄의 욕망을 이기려고 하면, 율법의 계명과 육신의 법 곧 죄의 법이 함께 역사하여 죄를 더 바라게 하고 죄짓게 만든다. 그러나 은혜 아래 있고 믿음으로 살면서 이 선언을 하면 죄의 욕망이 역사하지 못한다. 내가 세상에 대하여 죽었고 세상도 내게 대하여 죽었다는 선언을 하면서 마음으로 시인하고 믿어야 한다.

8.2.2.3. 내가 그리스도와 함께 죄에 대하여 죽었다고 선언하여 죄의 욕망을 이김

그리스도와 함께 내가 죽었음을 선언하므로 죄의 욕망을 이긴다. 바울은 옛사람을 죽이는 법으로 내가 그리스도와 함께 죄에 대하여 죽었다는 것을 (롬 6:11) 인정하라고 권한다.

우리가 죄에 대하여 죽은 것은 그리스도의 십자가로 이루어졌다. 우리의 옛사람이 그리스도의 십자가에 함께 못 박혀 죽었음을 인정할 뿐만 아니라 죄에 대하여 죽은 것을 선언해야 한다. 그러면 성령이 역사하므로 죄의 욕망에서 놓여난다.

"우리가 알거니와 우리 옛사람이 예수와 함께 십자가에 못 박힌 것은 죄의 몸이 멸하여 다시는 우리가 죄에게 종노릇하지 아니하려 함이니" (롬 6:6).

"이와 같이 너희도 너희 자신을 죄에 대하여는 죽은 자요 그리스도 예수 안에서 하나님을 대하여는 산자로 여길지어다" (롬 6:11).

우리도 죄에 대하여 이미 죽은 자임을 인정하는 것으로 충분하지 않고 그 사실을 선언해야 한다. 그러면 죄의 욕망에서 벗어나서 죄짓는 데 이르지 않는다.

내가 그리스도와 함께 죄에 대하여 죽었음을 선언하면 (롬 6:2-11) 성령이 역사하시므로 죄의 욕망이 소실된다. 그리스도의 피를 선언하고 그의 십자가에 못 박혔음을 선언하므로 우리 그리스도인들은 죄의 욕망과 유혹에서 벗어날 수 있다. 이렇게 죄와 싸워서 옛사람의 욕망 곧 죄의 뿌리를 죽이는 일을 반복한다. 옛사람을 죽이는 작업은 사람이 죽음에 이를 때까지 계속되어야 한다.

죄와 싸워 이기는 길은 오직 그리스도의 구속사역을 선언함으로 이다.

8.2.2.4. 나의 옛사람이 예수와 함께 십자가에 못 박혔다고 선언하여 죄의 욕망을 이김

내 옛사람이 예수와 함께 십자가에 못 박혔음을 선언하므로 죄의 욕망을 이긴다. 바울은 우리의 옛사람이 그리스도의 십자가에 함께 못 박혔음을 말함과 함께 죄에 대하여 우리가 죽었음을 강조한다 (롬 6:6, 11). 곧 죄의 욕망을 이기는 길은 내 옛사람이 예수와 함께 십자가에 못 박혔다는 것 (롬 6:6)을 선언하는 것이다. 그리고 그 선언대로 될 것을 믿어야 한다. 믿으면 성령이 역사하시므로 내가 죄에 대하여 죽은 것이 사실이 된다. 죄에 대하여 죽었으므로 더 이상 죄 가운데 살 수 없다.

그런 후에 다시 죄의 욕망으로 넘어가고 옛사람의 습관들과 법으로 돌아가려고 하면 안 된다. 욕망이 일 때마다 나의 옛사람이 예수와 함께 십자가에 못 박혔다는 것을 늘 선언하고 그대로 믿어야 한다. 그렇게 하면 성령의 역사로 죄의 욕망이 흩어진다.

8.2.2.5. "주 예수님, 내가 주를 믿습니다"라는 믿음고백을 끊임없이 함으로 죄의 욕망을 이김

주 예수를 내가 믿는다는 고백을 반복하므로 죄의 욕망을 이긴다. 주 예수를 믿는다는 고백을 하면 주 예수가 내 안에 오셔서 거주하신다. 그리스도가 내 안에 사시는 길은 그를 믿는다는 고백을 하는 것이다 (엡 3:17).

주 예수를 믿는다는 믿음고백을 하면 성령이 역사하시므로 죄의 욕망이 흩어진다. 그리하여 죄의 욕망을 따라서 살지 않고 죄의 욕망을 이겨낸다. 주 예수를 믿는다는 믿음고백이 죄를 이기는 가장 확실한 길이다. "주 예수님, 내가 주를 믿습니다"라는 고백을 끊임없이 함으로 죄의 욕망을 이긴다.

이 방식으로 옛사람을 죽이면 새사람이 살아난다. 죄와의 투쟁을 통해서 늘 옛사람을 죽이면 새사람이 날로 새로워진다. 그리하여 거룩으로 더욱 나아간다.

옛사람을 죽여 죄를 벗어나는 일에 복음선포와 복음의 적용이 필수적이다. 복음선포로 죄를 지적받으면 죄의 욕망이 소산된다.

이 성경적 성화법으로 살았더라면 믿음생활과 교회생활이 기쁨과 찬양이 넘쳤을 것이다. 개혁교회와 알미니안교회가 성경적 성화법을 따른다면 둘은 하나가 될 수 있다.

제3절 기도로 옛사람을 죽임

새사람으로 지어진 사람은 (고후 5:17; 갈 6:15; 엡 2:15; 4:24) 새사람으로 살아야 한다. 그리스도인들은 주 예수를 믿어 그의 피로 죄가 씻어진 사람들이어서 새사람들이다. 그러면 새사람으로 사는 것이 당연하다. 새사람은 죄짓는 삶의 법을 버리고 그리스도를 믿는 믿음으로 사는 삶의 방식을 말한다.

그러나 그리스도인이 새사람으로 지어졌다고 해서 전에 죄짓고 살던 방식인 옛사람이 없어진 것은 아니다. 새사람으로 지어졌어도 옛사람이 함께 있다. 그리하여 옛사람이 끊임없이 역사한다. 혹은 옛사람이 새사람을 쉽게 압도하고 넘어선다.

그리스도인 안에는 새사람과 옛사람이 늘 함께 있어서 둘이 평화를 이룰 수 없다. 죄짓는 것을 정당한 삶의 법으로 알고 사는 방식이 옛사람이다. 하나님은 믿는 자들 안에 새사람을 지으실 때 옛사람을 절단해버리신 것이 아니다. 옛사람을 죽이는 일을 새사람으로 지음 받은 자들의 몫으로 남기셨다.

그러나 사람의 본래의 힘으로는 옛사람을 죽일 수가 없다. 사람은 옛사람을 죽이는 것을 기뻐하지 않고 오히려 옛사람의 일을 좋아하기 때문이다. 그럼에도 불구하고 그리스도인은 옛사람을 죽여야 하는 의무와 당위를 부여받았다.

그리스도인은 일생 동안 자기의 옛사람을 죽이고 새사람으로 온전하게 되는 의무를 받아가지고 있다. 그러나 옛사람을 죽이는 작업은 믿는 자가 스스로 할 수 있는 것이 전혀 아니다. 적극적으로 옛사람을 죽여야 한다는 당위를 별로 느끼지 못하는 것이 일반적인 경향이다. 오히려 옛사람의 방식으로 사는 것을 좋아하고 당연하게 여기며 살게 된다.

그러면 옛사람을 죽이는 것을 어떻게 할 수 있는지 살펴보도록 한다.

8.3.1. 우리의 요청하는 기도를 통하여 성령이 역사하심

실제로 옛사람을 죽이고 새사람으로 살기로 작정해도 믿는 자가 자기의 힘으로는 이 일을 할 수가 없다. 성령께서 역사하셔야 옛사람을 죽일 수 있다. 옛사람을 죽이고 거룩하게 되는 법은 성령이 역사하심으로만 가능하다.

그리스도인은 옛사람을 죽이는 기도를 해야 한다. 기도는 성령이 일하실 자리를 마련하는 것이기 때문이다. 기도를 통하여 성령이 역사하시도록 자리를 내어놓을 때 그가 일하신다. 성령께 자리를 내어놓는다는 것은 성령이 우리의 옛사람을 죽여주시라고 기도하는 것을 말한다.

그 경우 성령은 우리의 옛사람을 죽이는 일을 하신다. 성령은 우리의 기도와 간청 없이 스스로 독단적으로 일하시는 것이 아니다. 성령이 우리의 기도에 역사하여 말할 수 없는 탄식으로 우리를 위해서 비시는 일을 하신다 (롬 8:26-27). 그 경우도 우리가 기도하여 부탁할 때에 그렇게 하신다.

그러나 성령이 우리의 옛사람을 죽여 달라고 기도한다고 하여 그냥 역사하시는 것이 아니다. 그리스도의 피와 십자가의 권세로 내 옛사람을 죽여주시라고 기도할 때 성령은 그리스도의 피와 십자가의 권세로 우리 옛사람을 죽이신다.

성령이 그리스도의 십자가의 권세와 피로 우리 옛사람을 죽이시는 것이 성령의 인도를 받는 것이다. 성령의 인도는 그리스도의 십자가의 피로 죄의 욕망을 벗어나게 하시는 것이다. 이 면에 있어서 성령의 인도와 성령 충만은 같은 것이다. 성령 충만은 성령의 인도대로 죄의 욕망을 벗어나는 것이다

그리스도인이 기도를 쉬면 자연인의 상태로 돌아간다. 혹은 옛사람의 상태로 돌아가서 편안히 살기를 원한다. 그러므로 믿는 자들

은 기도를 하되 수시로 하고 쉬지 말고 기도해야 한다 (살전 5:17).

그리스도인으로서 많은 실패를 경험하였어도 기도하면 성령이 역사하시므로 다시 정상적인 그리스도인으로서의 삶을 살 수 있다. 기도를 통하여 그리스도가 은혜와 힘과 생명을 공급하시기 때문이다.

그리스도인들이 옛사람의 생활방식으로 돌아가지 않고 새사람의 방식으로 살려면 성령의 인도를 받아야 한다. 성령의 인도를 받는 자들만이 그리스도인이고 하나님의 아들들이기 때문이다 (ὅσοι γὰρ πνεύματι θεοῦ ἄγονται, οὗτοι υἱοὶ θεοῦ εἰσιν.; 롬 8:14). 여기 사용된 '인도받다'는 동사가 현재수동태이다. 즉 이 본문은 계속적으로 성령의 인도를 받아야 하나님의 아들들임을 지시한다.

물론 믿는 자들은 믿음고백을 할 때 이미 하나님의 아들들이 되었다. 그러나 믿음고백을 하였다고 해도 하나님의 아들들로서 사는 것이 아니다. 많은 경우에 믿는 자들이 그리스도와 무관하게 살고 있다. 곧 성령의 인도 아래 살고 있지 못하다.

8.3.2. 옛사람의 방식을 내려놓고 성령의 인도를 따르기로 기도함

성령의 인도로 사는 법은 이전의 삶의 방식을 내려놓고 성령의 인도를 따라 살기로 작정하고 기도하는 것이다. 성령의 인도를 받는 길은 기도하는 것이다. 기도하여 옛사람의 방식을 내려놓고 성령의 인도와 역사를 따라 자기의 옛사람을 죽이며 살기로 작정해야 한다. 이 작정과 함께 성령이 옛사람을 친히 죽이시도록 간구해야 한다.

그냥 간구하는 것이 아니라 그리스도의 피의 공효(功效)로 옛사람의 욕망을 따르지 않게 해주시라고 구해야 한다. 혹은 죄의 욕망을 이기고 물리쳐 따라가지 않게 해주시라고 기도하는 것이다.

믿는 자들은 자신의 문제점들을 잘 알고 있다. 육욕을 따라 옛사람의 요구대로 살면 안 되는 줄을 알고 있으나 육적 욕망을 따라가기 쉽다. 옛사람의 길을 좋아하고 그 길에 머무르기를 기뻐한다. 새사람으로 살아야 하는 당위에는 게으름으로 대응한다. 바쁘다고 핑계하고 사람이란 연약하므로 별 수 없다고 변명하고 자기를 위로한다. 그리하여 육을 좇아 살면서 육의 일을 이룬다. 영으로 사는 것과 영의 일을 생각하는 것에는 별 흥미가 없다 (롬 8:5).

믿는 사람들도 육의 일을 좇고 영의 일을 따르지 않으면, 그 결과는 믿지 않는 사람들이 하는 것과 같아진다. 그럴 경우 바울이 말한 대로 육의 일만을 생각하고 그 일을 행하였기 때문에 죽음에 이른다 (롬 8:5-6). 육의 일은 죄다. 육의 일 곧 옛사람의 일을 생각하는 것은 하나님의 뜻과 배치되므로 그런 자들은 하나님을 기쁘시게 할 수 없다 (롬 8:7-8).

하나님의 영을 모신 자들은 육의 생각에만 몰두할 수 없다. 왜냐하면 성령이 그런 것들은 죽음에 이르게 하는 것이라고 깨우치시기 때문이다 (롬 8:9-11). 그러므로 믿는 자들은 육을 따라서 살 수 없고 영 곧 새사람을 따라서 살고 몸을 통해 나타난 죄를 죽이므로 새사람이 살아난다 (롬 8:12-13).

내 힘으로는 어찌할 수 없으므로 성령의 깨우치심과 인도를 외면하지 말고 성령의 인도를 받아야 한다. 왜냐하면 성령의 인도를 받는 자들은 하나님의 아들들이기 때문이다 (롬 8:14). 이렇게 성령의 인도를 따라서 살고 옛사람을 죽이는 일은 기도를 통해서 이루어진다. 그냥 기도로 되는 것이 아니고 그리스도의 피의 능력으로 옛사람을 죽여주시라고 기도해야 한다.

  믿는 자들은 복음의 가르침과 기도로 끊임없이 옛사람을 죽이고 육의 욕망을 흩어지게 하는 일을 해야 한다. 복음의 내용 곧 그리스도의 흘린 피와 십자가의 권세를 육의 욕망에 적용하여 옛사람을 죽이는 일을 한다.

  이렇게 함으로 옛사람을 약화시켜 죄지을 마음과 욕망을 줄이게 된다.

제4절 거룩하게 됨

  믿는 자들은 믿음고백을 할 때 이미 그리스도의 거룩을 받았다. 그 거룩으로써 성령이 믿는 자들을 충동하여 죄를 버리고 깨끗하게 살도록 역사하신다.

  거룩을 하나님에게 적용하면 그가 피조물과 분리되어 있음을 지시하는 데 사용되었다. 하나님 자신에서 보면 거룩은 하나님의 신성의 표현이다. 따라서 하나님은 거룩 자체이시고 거룩의 원천이시다.

  거룩을 사람에게 적용하면 구약에서는 통상 하나님에게 바쳐진 것들 가령 하나님에게 온전히 바친 사람, 하나님에게 바친 제물 등으로 이해하였다.

  그러나 신약에서의 거룩은 죄를 떠나고 죄를 버리는 것이다. 죄에서 깨끗해짐이 거룩이다. 죄를 짓는 것은 하나님의 법을 어기는 것이므로 더러운 것이고 악한 것이다. 사람은 스스로 죄를 버릴 수 없고 죄짓는 것을 중단할 수가 없다. 생각하고 계획하고 느끼고 바라는 것이 다 죄를 구성하기 때문이다.

8.4.1. 그리스도의 피로 씻어져서 거룩으로 나아감

죄에서 깨끗해지는 비결은 그리스도의 피로 죄를 씻음 받고 용서받는 것이다. 그리스도의 피로 죄가 씻어진 사람들만이 거룩으로 나아갈 수 있다.

전에는 죄를 죄로도 알지 못하였지만 그리스도의 피로 죄를 씻음 받은 사람들은 죄를 멀리하고 죄를 피할 마음을 갖게 되었다. 그리스도의 피로 죄가 씻어졌고 죄에서 단절되었기 때문에 죄지을 생각과 죄에 대한 욕망을 버릴 수 있게 되었다.

그러나 믿는 자들이 죄를 끊고 버릴 마음을 갖게 된 것은 자발적으로 이루어진 것이 아니다. 믿는 자들에게 오신 성령이 그들로 하여금 죄를 버리고 죄지을 마음을 갖지 못하게 역사하시기 때문이다 (롬 8:9, 10, 26; 6:6, 13; 갈 5:16-18, 25; 고후 3:17; 엡 4:30). 우리는 그리스도의 피로 죄를 용서받고 깨끗해졌을 뿐만 아니라, 성령이 죄짓지 못하게 역사하시기 때문에 죄를 끊고 죄를 떠날 수 있다.

8.4.2. 복음선포에 성령이 역사하셔서 거룩으로 나아감

설교자는 복음을 선포하여 죄를 버리고 거룩한 삶을 살도록 촉구해야 한다. 사람이 자기의 거룩을 위해서 열심히 노력한다고 거룩으로 나아가는 것이 아니다.

사람의 노력을 강조하여 거룩하게 될 것을 요구하면 율법주의의 망령이 살아난다. 내가 내 힘으로 내 거룩을 이루려고 하기 때문에 은혜가 사라지고 기쁨이 없어지며 평안이 없게 된다. 그리고 노력할 때마다 실패를 겪는다. 사람은 자기의 힘과 노력으로 결코 거룩에 이를 수 없다. 그렇게 자기의 힘으로 노력하면 죄의 본성이 역사해서 하지 말아야 할 것을 더 열심히 하게 된다.

사람이 거룩하게 되는 길은 주 예수 그리스도의 구원사역을 선포하는 것이다. 복음의 선포에서 사람들이 죄를 죄로 알게 된다. 또 죄의 욕망이 죄임을 알게 된다. 주 예수 그리스도가 죄와 죽음에서 구원하기 위해서 십자가에서 피 흘리셨음을 선포하면, 성령이 역사하시므로 죄의 욕망을 끊고 죄지으려는 욕구를 포기한다. 그리하여 거룩으로 나아간다.

8.4.3. 거룩으로 나아감으로 하나님의 임재가 풍성해짐

죄를 멀리하고 죄를 끊으면 곧 우리가 죄에게 종노릇하지 않으면 하나님의 임재가 풍성해진다. 즉 우리가 하나님의 성전이 된다 (고전 3:16-17; 6:19).

믿는 자들이 거룩을 추구하는 목적이 바로 여기에 있다. 하나님은 본래 창조를 이루시면서 자기의 백성을 가지시고 그들 가운데 거하시며 찬송과 경배를 받으시는 것을 목표하셨다. 이제 그리스도의 구속으로 죄를 용서받고 성령의 역사로 죄에 종노릇하는 것을 떠남으로 하나님을 다시 모시게 되었다. 그리하여 하나님이 죄를 떠난 사람들에게 오사 풍성하게 거주하신다. 이 일이 그리스도의 구속사역으로 성취되어 하나님의 처음 경륜이 성취된다 (계 21:3). 지금 우리가 거룩을 추구하고 힘쓰는 것은 종말에서 이루어질 하나님의 충만한 임재를 준비하는 것이다.

제5절 거룩하게 됨과 선한 행실들

믿는 자들이 믿음고백을 하면 그리스도는 그들에게 은혜와 생명과 힘을 주신다. 이 은사들로 믿는 자들은 죄와 싸워 이기며 거룩으로 나아간다. 그리스도의 은혜가 지속적으로 공급되지 않으면 믿는 자들은 살아갈 수가 없다.

믿는 자들 안에 있는 그리스도의 거룩한 생명이 그들로 죄에 탐닉할 수 없게 하고 죄를 싫어하고 버리게 한다.

8.5.1. 그리스도의 생명의 역사로 선한 행실을 함

그리스도의 생명은 믿는 자들로 하여금 선한 행실을 하도록 역사한다. 그의 생명은 그가 피 흘려 죽고 부활함으로 역사하는 생명이다.

이 생명은 하나님의 사랑의 표현이다. 하나님의 사랑은 도저히 구원받을 수 없는 비참한 생명들에게로 확대되었다.

하나님의 사랑과 은혜로 구원받음을 아는 그리스도인들은 그리스도의 생명의 역사를 따라 선한 행실을 한다. 그리스도의 심장이 믿는 자들을 감화하여 불쌍한 사람들을 돕는 마음을 일으켜 그들의 삶을 돌본다.

이렇게 선을 행하여 많은 사람들에게 유익이 되게 하고 또 선한 행실들로 사람들을 그리스도에게로 인도한다. 그러므로 선한 일들을 할 때 다른 사람들이 인정해주지 않더라도 낙심하여 중단하면 안 된다. 사람이 알아주기 위해서 선한 일을 하는 것이 아니므로 낙심하지 않고 선을 행하면 때가 되면 거둘 것이다 (갈 6:9). "네 식물을 물 위에 던지라 여러 날 후에 도로 찾으리라"는 말씀과 같다 (전 11:1).

더구나 주 예수 그리스도 하나님의 아들이 십자가에서 피 흘려 죽으시므로 나를 구원하셨음을 생각하면 어려운 사람들의 삶을 돕는 일을 하게 된다.

8.5.2. 그리스도의 생명의 역사로 선한 사업을 일으킴

그리스도인들은 선행의 수준을 넘어 땅 위에 하나님의 나라가 임하도록 모든 분야에서 역사한다. 하나님의 창조를 탐구하여 창조주 하나님의 지혜와 권능을 현시할 뿐만 아니라 그 지혜의 결실들을 인간사회에서 활용할 수 있도록 수고한다. 이렇게 하나님의 창조를 계발하여 인류사회에 적용하므로 문화를 창달한다.

또 사람들이 의식주를 해결하고 인간다운 삶을 살 수 있도록 산업을 일으킨다. 이윤추구의 목적도 있지만 사람들이 함께 살 수 있도록 산업을 일으킨다. 이렇게 생존의 기반을 만들어 사람들을 돕는다. 주 예수를 믿는 자들은 하나님의 택하신 백성으로서 선한 행실을 좋아하고 열심히 해야 한다.

바울은 이 진리를 이렇게 표현하였다. "우리는 그의 만드신 바라 그리스도 예수 안에서 선한 일을 위하여 지으심을 받은 자니"(엡 2:10). 선한 일을 위해 지으심을 받은 자이기 때문에 바울은 선한 일을 도모하라고 권고하였다 (롬 12:17).

따라서 그리스도인의 외적 특징은 선한 일을 하고 선한 일을 하기를 좋아하는 것이다. 이것도 자발적으로 내가 하는 것이 아니고 그리스도의 사랑이 강권하기 때문이다 (고후 5:14). 다시 말하면 그리스도의 사랑과 은혜가 믿는 자들로 선한 사업을 하게 한다.

8.5.3. 선한 행실로 하나님의 구원 은혜를 증거

그리스도의 생명이 역사하여 그리스도인들로 늘 선한 일을 좋아하고 기뻐서 하게 한다. 따라서 거듭난 사람들이 선한 일들을 열심히 한다.

또 믿는 자들은 하나님의 영광을 위해서 선한 일을 한다. 믿는 자들이 은혜로 선한 일들을 하면 그것은 바로 하나님의 은혜의 영광을 증거하는 것이다 (엡 1:6).

하나님의 은혜가 아니면 어찌 죄와 죽음에서 구출되어 영생에 이르겠는가? 은혜로 구원 얻었음으로 모든 일을 하되 하나님의 영광을 위해서 한다 (고전 10:31).

선한 행실들을 하는 것은 또 자기의 믿음을 증거하는 것이 된다. 믿는 자들이 선행과 선한 사업을 하는 것은 믿음으로 구원 얻었음을 증거하는 산 증거이다. 죄만 짓고 살던 사람이 주 예수를 믿음으로 이렇게 변화되어 선한 행실을 하게 되었다는 것은 자기의 믿음을 증거하는 증거물이 된다.

8.5.4. 선한 행실에 공로 성격이 없다

　선한 행실들은 다 의롭다 함을 받은 자들에게서 나온다. 이 경우에도 성령의 역사로만 이루어진다. 선한 행실들은 믿음에서 나오고 믿음에 근거한다. 믿음에서 나온 행실들은 나무의 열매와 같다. 나무가 있으므로 열매가 맺힌다. 열매가 나무를 결정하는 것이 아니다.

　따라서 선한 행실들은 구원 얻음에 혹은 의롭다 함에 아무런 공로적인 성격을 가질 수 없다. 선한 행실들은 믿음을 결정하고 의롭게 되도록 역사하는 힘이 전혀 없다. 오히려 하나님의 은혜가 선한 행실들을 가능하게 했으므로 그것들은 은혜의 결과물일 뿐이다.

　그러나 선한 행실들이 전적으로 은혜에서 나왔지만 하나님은 선한 행실을 한 자에게 상급을 주신다. 하나님은 믿는 자들이 선행을 스스로 한 것으로 인정해서 상급을 주신다.

　믿는 자들이 선한 행실을 하여도 그 행실에는 죄가 물들어 있다. 왜냐하면 거룩하게 되기를 힘써도 죄의 찌꺼기들을 벗어나지 못하였기 때문이다. 아무리 거룩으로의 진보가 커도 내면에 있어서는 옛사람이 살아서 역사하기 때문이다.

　사람 본성에서 나온 생각과 느낌과 원함과 계획하는 것과 행동들이 다 옛사람의 역사와 함께 나온다. 은혜의 역사를 따라 옛사람의 역사들을 많이 죽이고 약화시켰어도 온전한 단계에는 결코 이르지 못한다. 그러므로 은혜로 선한 행실들을 했어도 상급을 주장할 수는 없다. 오히려 그 자체로 살펴보면 다 형벌에 해당한다. 따라서 선한 행실들도 그리스도의 피로 깨끗하게 씻어져야 한다. 그리하여 하나님이 받으시기에 합당하게 된다.

제6절 거룩하게 됨의 작업을 마침

믿는 자들이 이르러가야 할 분량은 그리스도의 장성한 분량이다 (엡 4:13). 이 장성한 분량에 이르기 위해서 그리스도인들은 옛사람을 죽여야 한다 (mortificatio veteris hominis). 옛사람을 죽이고 새사람을 살림으로 (vivificatio novi hominis) 옛사람의 일을 버리고 새사람으로 살게 된다. 더 이상 육의 사람 (caro, homo carnalis)이 아니고 영의 사람 (spiritus, homo spiritualis)이 된다.

죄의 종이 아니고 의의 종이므로 (롬 6:18) 죄짓는 일에 열중하지 않는다. 본래 죄의 종일 때는 행하는 모든 일들이 다 죄였다. 그러나 주 예수를 믿음으로 그에게 연합하였으니 죄에서 해방되어 더 이상 죄에게 종노릇하는 것이 아니다 (롬 6:6). 죄에서 놓여나 의의 종이 되었기 때문이다 (롬 6:18).

옛사람을 죽이는 일은 육의 욕망을 그 뿌리부터 완전히 없애는 것이 아니다. 그 작업은 옛사람으로 크게 역사하지 못하게 막는 것이고 점차 죽이는 것이다. 따라서 육의 욕망이 몸의 욕구로서 늘 나타난다 (롬 6:12). 이 육의 욕망 혹은 죄의 욕망 (ἐπιθυμια ἁμαρτιας)을 늘 죽여야 한다.

따라서 그리스도인의 삶은 옛사람과 새사람의 투쟁으로 이루어진다. 둘 사이에 완전한 승자가 단번에 정해지는 것이 아니다. 믿는 자들은 끊임없이 자기의 옛사람을 죽여야 하지만 옛사람이 단번에 결판나는 것은 아니다. 그러므로 둘 사이에 끊임없이 싸움이 진행된다 (롬 6:1-19). 이 싸움이 죽음에서 끝난다.

8.6.1. 옛사람과의 싸움은 일생 이어짐

옛사람과 새사람의 싸움은 평생 계속된다. 이 싸움으로 점차 새사람이 이기고 옛사람이 지게 된다. 그러나 옛사람이 완전히 제거된 것이 아니어서 새사람이 늘 이기는 것이 아니다. 오히려 새사람이 옛사람에 의해 압도당할 때가 많다.

이렇게 믿는 사람이 옛사람에 의해 압도당하면 범죄하게 된다. 실수하고 허물을 가지며 나아가서 무거운 죄로 떨어진다. 유혹에 져서 죄로 떨어지면 심각한 위기상황에 이른다. 이제까지의 믿음의 삶과 거룩하게 되는 작업이 물거품이 된다. 그러므로 처음 범죄하려고 하는 강한 욕망이 일 때 그것을 막고 물리쳐 범죄에 떨어지지 말아야 한다.

이럴 때 믿는 자들이 당하는 어려움은 매우 심각해진다. 자기 구원의 확실성이 크게 흔들린다. 또 회개도 잘 이루어지지 않는다. 회개하려고 해도 회개도 잘 되지 않고 회개할 진지한 마음을 가지지도 못한다. 그래서 수렁에서 빠져 헤어나지 못하는 상황이 된다. 이렇게 하여 꽤 오래도록 방황하고 범죄의 충격으로 기도도 못하고 회개가 힘들어진다.

이런 상황에서 성령의 위로가 온다. 범죄하여 크게 오염되었어도 성령은 그런 사람의 심령을 들어 올려 그리스도의 십자가를 바라보게 한다. 그리하여 그의 피를 힘입어 범죄를 회개하고 다시 믿음생활을 계속하게 하신다.

이런 경우에도 바른 믿음생활이 전처럼 쉽지 않다. 왜냐하면 한번 범죄하므로 죄의 역학구조가 사람의 마음 판에 제2의 본성으로 새겨지기 때문이다. 그래서 자주 죄의 유혹을 느끼며 황홀한 자극에 쉽게 감동을 받고 다시 이전 범죄로 넘어가기가 쉽다.

직접 범죄로 떨어지지 않아도 육의 욕망이 강하게 역사하면, 그 욕망을 성취하는 방식으로 삶을 꾸리게 된다. 따라서 성령의 원함을 따라 영의 삶을 사는 것이 아니라 육적인 삶을 살게 된다.

이런 상황에서는 거룩으로의 진보를 경험하기가 어렵고 옛사람을 죽이는 일을 할 수가 없다. 거의 자연인의 상태로 산다. 세상의 가치를 최상으로 알고 세상적인 쾌락을 당연하고 좋은 것으로 알고 즐기며 산다. 믿는 자들이 자기를 완전히 포기하는 결심과 기도를 하지 못하는 것도 결국 세상의 즐거움을 누리기 원해서이다. 그래서 끊어버리려는 결심을 하지도 못하고 욕망을 놓기도 원하지 않는다. 세상의 쾌락 혹은 육적 욕망을 즐기는 것이 너무도 좋기 때문이다.

그런 중에 강한 말씀의 권고와 성령의 주장하심에 의해 권면을 받아 자기의 삶을 회개한다. 그리고 기도하기를 작정하고 옛사람과의 싸움을 시작한다. 기도와 복음의 가르침을 따라 옛사람을 죽이며 새사람으로 살기를 힘쓴다.

사람이 육신을 입고 있는 한 옛사람의 역사를 벗어날 수가 없다. 수시로 닥치는 죄의 욕망을 벗어나고 물리치는 것이 쉽지 않다.

그러나 선포된 복음의 힘센 권고와 성령의 인도를 따라서 옛사람을 죽이는 작업을 한다. 물론 기도로 옛사람을 죽이는 작업을 하되 성령이 옛사람을 죽여주시도록 구한다. 자기를 끊임없이 포기하고 자기의 욕망을 포기하므로 옛사람을 죽여 점점 힘을 쓰지 못하게 한다.

하나님이 새사람을 지으셨어도 옛사람을 뿌리에서 끊지 않으신 섭리가 있다. 하나님은 자기의 백성들이 하나님에게 늘 의지하고 은혜를 구해서 믿음생활을 하기 바라신다. 하나님을 늘 의지해서 옛사람을 죽이고 새사람으로 이기기를 바라시기 때문이다.

옛사람을 이기는 것은 단 한 번의 과정이 아니고 점진적이어서 사는 날 동안 이어진다. 즉 평생 옛사람과 마주서고 옛사람의 작용을 알게 하므로 하나님만 의지하여 살도록 하신 것이다. 늘 그리스도를 믿고 의지해서만 옛사람을 이기게 하셨다. 이 옛사람을 이기는 방식은 기도하여 하나님의 은혜를 늘 구하고 성령의 역사를 구하는 것이다.

옛사람을 죽이고 끊어버리는 것이 얼마나 어려운지를 바울이 고백하였다. "오호라 나는 곤고한 사람이로다. 이 사망의 몸에서 누가 나를 건져내랴"(롬 7:24). 이 고백은 바울이 옛사람과 새사람의 다툼에서 옛사람의 법을 따라가므로 죄의 욕망이 역사하여 육의 욕망이 이김을 경험하고서 밝힌 것이다.

"나의 행하는 것을 내가 알지 못하노니 곧 원하는 이것은 행하지 아니하고 도리어 미워하는 그것을 함이라. 이제는 이것을 행하는 자가 내가 아니요 내 속에 거하는 죄니라. 내 속 곧 내 육신에 선한 것이 거하지 아니하는 줄을 아노니 원함은 내게 있으나 선을 행하는 것은 없노라. 내가 원하는 바 선은 하지 아니하고 도리어 원치 아니하는 바 악은 행하는도다. 만일 내가 원치 아니하는 그것을 하면 이를 행하는 자가 내가 아니요 내 속에 거하는 죄니라"(롬 7:15-20).

주 예수만을 위해서 일생을 살았던 사도 바울도 이렇게 옛사람과의 다툼을 어려워하였으면 다른 믿는 자들은 어떠하겠는가? 평생 옛사람과 싸우고 다투어서 옛사람을 점점 죽이는 길밖에 없다. 죽을 때까지 이 싸움이 계속될 것이다.

8.6.2. 옛사람과의 싸움이 죽음에서 끝남

싸움은 죽는 날까지 계속되고 죽음에서 끝난다. 그것은 한 쪽의 일방적인 이김으로 이루어지는 것이 아니다. 육신의 죽음에서 옛사람도 함께 죽기 때문에 싸움이 끝나는 것이다. 죽음으로 옛사람과 새사람의 싸움이 끝난다.

제7절 완전성화의 문제

칼빈과 루터 등 종교개혁자들은 거룩하게 됨의 과정이 죽음에서 종결되고, 그리스도인들이 살아 있는 동안 완전한 성화가 이루어질 수 없다고 단정하였다.

그러나 펠라기우스와 알미니우스와 웨슬리는 완전성화를 주창한다. 펠라기우스는 완전한 선행과 성화가 구속 은혜 없이 자연적 소질로 가능함을 처음으로 주창하였다. 알미니우스는 이 주장을 받아들여 자유의지가 구원을 받아들이고 선행도 잘 할 수 있음을 강조하였다.

요한 웨슬리는 이에서 나아가 완전성화를 주창하고 현세에서 실현가능함을 강조하였다. 구원 은혜의 도움으로 아니고 선행(先行)하는 은혜 (=일반 은혜)의 도움으로 완전성화가 가능하다고 주장하였다. 이 가르침으로 종교개혁의 근본 곧 은혜의 주권성을 크게 훼손하였다.

8.7.1. 요한 웨슬리의 완전성화론

감리회를 창설한 요한 웨슬리 (John Wesley, 1703-1791)는 전적인 성화 곧 온전히 거룩하게 됨이 현재 우리들이 살아 있는 동안 도달 가능하다고 주장하였다. 그리고 실제로 그런 사람들을 많이 만났다고 하였다.

이 완전성화가 19세기 미국에서는 완전주의로 정착하여 장로교회에 영향을 크게 미쳐 개혁신학의 장로교회를 감리회식으로 나아가게 하였다. 워필드 (Benjamin B. Warfield)가 이 운동이 신학적으로 불가함을 강력하게 지적하였지만 완전주의는 19세기 중반에 미국에서 굳게 정착하였다.

8.7.1.1. 완전성화

8.7.1.1.1. 완전성화: 온 심장으로 하나님을 사랑함

웨슬리는 완전성화 혹은 전적인 성화 (entire sanctification)를 조금씩 다른 표현으로 정의한다.

그리스도인이 갖는 전적 성화 곧 완전은 우리의 온 심장으로 하나님을 사랑하는 것이다. 하나님에게 전적으로 헌신된 심장과 삶이 완전이라고 한다. 이 완전에서 하나님의 형상이 전체로 회복된다고 웨슬리는 보았다 (The Works of John Wesley, III, 369). 이런 완전이 현재 그리스도인의 삶에서 도달 가능하다고 그는 주장하였다. 그러나 그리스도인이 갖는 완전에서도 무지, 실수, 연약함, 유혹들이 배제되지 않는다고 말하였다 (Works, VIII, 21-22).

이런 완전은 천사의 완전도 아니고 타락 전 아담의 완전도 아니라고 주장한다. 이런 거룩은 보편적인 거룩으로 자신을 전적으로 하나님에게 헌신한 것이라고 정의한다.

8.7.1.1.2. 완전성화: 죄에서 완전한 자유

웨슬리는 또 완전은 죄에서의 자유라고 주장한다 (W., VI, 411-23). 이런 완전은 의도적 죄와 내적 죄에서 완전히 자유함을 말한다 (W., VI, 417-18, 492). 죄가 심장에서 완전히 멸해지고 사랑이 완전해진 것이 전적 성화라는 것이다 (W., III, 273; XI, 417-18).

완전은 내적 죄에서 완전히 자유하는 것이므로 강하고 성숙한 자들만이 완전하다고 말할 수 있다고 한다 (W., VI, 16).

8.7.1.1.3. 완전성화: 철저한 내적 변화

웨슬리는 거룩이 구원 자체인데 신 형상이 완전히 회복된 것이라고 가르친다 (W., VI, 44). 이것은 철저한 내적 변화이므로 전적인 성화라고 주장한다 (W., I, 172). 그러나 이런 성화 곧 내적 갱신은 하나님의 힘에 의해서 이루어진다고 가르친다. 이 내적 갱신을 이룬 자들은 세상 사랑, 쾌락 사랑, 안락과 명예, 돈 사랑을 추방하고 교만, 분노, 자기의지, 다른 악한 성질들도 다 추방한 자들이다 (W., VI, 45). 그러므로 완전해진 자들은 내적 외적 죄에서 구출된 자들이다. 따라서 온 심장과 영혼으로 주 하나님을 사랑하게 된다는 것을 강조한다 (W., VII, 237).

8.7.1.1.4. 전적 성화: 죄의 뿌리에서 해방, 신(神)형상 완전회복

반복된 웨슬리의 말을 요약하면 그리스도인이 도달할 완전 혹은 전적인 성화는 신 형상이 완전히 회복되므로 죄의 세력과 뿌리로부터 구원된 것을 뜻한다. 따라서 하나님 사랑과 사람 사랑으로 가득하게 된 것을 말한다. 그리고 그리스도인의 기본 성품인 낮아짐과 온유함, 절제, 인내, 정절 등을 갖는 것을 말한다 (W., X, 203).

8.7.1.2. 점진적 성화

8.7.1.2.1. 출생 시부터 점진적 성화

웨슬리에 의하면 점진적 성화는 출생 때부터 시작된다. 죄에 대해 더욱더 죽고, 점점 더 하나님을 향하여 살아간다 (W., VI, 46). 출생 이후 점진적 성화사역이 시작하는데 그리스도의 장성한 분량까지 그리스도인들은 자라간다. 이 자람의 과정에서 많은 폭풍을 만나지만 점점 자라난다 (W., VI, 91).

칭의에서 우리는 죄과에서 구원되고 하나님의 호의로 회복된다. 그리하여 죄의 세력과 뿌리로부터 구원된다. 칭의의 순간부터 시작된 점진적 성화는 거룩하고 겸손하고 온유하고 참을성 있게 하나님을 사랑함에서 시작하고 자라난다. 겨자씨처럼 자라서 가지를 내고 큰 나무가 된다. 그리하여 심장이 모든 죄로부터 깨끗해지고 하나님과 사람 사랑으로 점점 불어난다고 한다 (W., VI, 509).

의롭다 함을 받을 때 새로 태어났으므로 이때부터 선한 욕망들이 시작한다. 새 생명이 그 사람 안에 넓어지므로 더 큰 사랑, 더 큰 기쁨, 더 큰 평화가 있게 된다는 것이다 (W., XII, 340, 350-51, 363-64, 374).

8.7.1.2.2. 점진적 성화: 사람이 은혜와 협동하여 이룸; 은혜의 단독 사역 아님

웨슬리는 점진적 성화는 은혜와 사람의 협동으로 이루어진다고 가르친다. 곧 점진적인 성화는 하나님의 은혜가 단독으로 일하는 것이 아니다. 사람이 하나님의 은혜와 협동해야 한다. 하나님의 은사가 사람의 영혼에서 증가하도록 사람은 협동해야 한다. 아침 일찍 일어나 기도하고, 열렬히 기도하고, 사업도 하나님의 영광을 위해서 해야 한다. 그리스도인은 자기부정을 실행하고, 대화를 올바로 하고, 불필요한 이탈을 삼가며 돈을 합당히 사용해야 한다 (W., VII, 27-34). 사람이 이렇게 하면 하나님도 은혜를 더욱 증가시킨다. 그러니 선한 행실이 거룩의 조건이 된다.

웨슬리는 믿음은 성화의 직접적 조건이지만 선행은 필수적인 조건이라고 한다. 우리 마음을 냉철하게 하고 진지한 성향을 보존하고 감정을 조절하는 것 등을 우리가 해야 한다. 우리가 성령의 움직임에 주의하지 않으면 성령은 우리의 본성을 깨끗하게 하지 않으신다 (W., VII, 489).

중생에서 성화가 시작하여 점점 깨끗해지고 점진적으로 죄에 대해 죽는데, 완전성화에서 죄에 대한 죽음이 완성된다고 가르친다 (W., VI, 46; VIII, 285).

8.7.1.3. 완전성화: 잃을 수 있음

웨슬리는 선행으로 완전성화를 순간에 받았으므로 완전성화의 경험을 잃을 수도 있다고 (W., VI, 491, 526; XII, 389) 주장한다.

8.7.1.4. 원죄와 죽음의 관계: 각 사람은 자기 죄로 죽음; 원죄 때문이 아님

웨슬리는 아담의 범죄와 후손의 죽음의 관계에 대해서 어떻게 말하는지 살펴보도록 한다.

모든 사람이 아담의 죄에 동참하지만 (W., IX, 256), 각자가 죽는 것은 자기의 죄로 죽는다. 아담도 자기의 원죄로 죽을 뿐이다 (W., IX, 315). 따라서 아무도 아담의 범죄 때문에 영원히 멸망당하지 않는다 (W., X, 315). 즉 사람의 궁극적인 운명은 자기의 선택으로 결정된다는 것이다 (W., X, 222-224).

이 면에 있어서 웨슬리는 펠라기우스와 완전히 일치하고 있다. 곧 각 사람은 아담의 원죄로 죽는 것이 아니라 존재 구조 때문에 죽는다는 것이다.

8.7.1.5. 구원과 선행 (先行)은혜의 관계

구원은 어떻게 이루어지는가?

8.7.1.5.1. 선행 은혜: 보편적; 선행 은혜로 거룩으로 나아감

웨슬리에 의하면 우리가 생명으로 나아가는 운동을 하기 전에 은혜가 필수적이라고 한다. 은혜는 만인에게 오고 또 이미 그 안에 있는 앞서오는 은혜 (prevenient grace)이다. 이 은혜는 불가항력적인 은혜가 아니다. 불가항력적인 은혜에 의해서 구원받는 것이 아니다 (W., VI, 511-12).

하나님의 은혜는 모든 사람 안에 있고 모두를 위해서 값없이 주어져 있다 (W., VII, 373-74). 앞서 오는 은혜는 아무도 잃는 것이 아니다. 그러므로 보편적인 은혜이다.

하나님이 모든 사람들에게 선한 욕망을 주입해 넣으심으로 신 지식과 양심을 갖고 선악행동을 증거해 준다. 이런 선행(善行)은 선행(先行)하는 은혜 혹은 방지(防止)하는 은혜로 시작한다. 그리하여 하나님을 기쁘게 하려는 욕망을 갖는다. 이런 모든 것이 구원의 시작이 된다. 곧 칭의와 중생 전에 거룩함이 시작된다 (W., VI, 509). 구원하는 은혜가 아니어도 앞서오는 은혜로 예절을 갖고 구제하며 살게 되고, 아직 그리스도인이 되지 않았지만 교회에도 참석한다고 진술하였다 (W., V, 110).

모든 사람은 다 선행(先行)하는 은혜를 가지므로 단순한 자연의 상태에 있는 사람은 없다는 것이다 (W., VI, 512).

8.7.1.5.2. 사람의 구원: 선행하는 보편 은혜와 협동해서 이룸

웨슬리의 강조점은 사람의 구원은 하나님이 만인에게 주신 은혜로 시작한다는 것이다.

미리 오는 은혜 곧 보편 은혜와 협동해서 사람은 자기의 구원을 이룬다. 그러므로 믿음 전에 하나님께로 가는 운동이 시작한다. 선행하는 은혜에 의해서 구원이 시작하고 전적인 구원 은혜로 시작하는 것이 아니다 (W., X, 358-60).

그런데 그리스도는 그의 수동적 죽음으로 하나님의 공의를 잠정적인 의미로 만족시켰다. 그리스도의 죽음이 하나님께 진 빚을 갚음으로 하나님의 공의를 만족시켰다. 따라서 모든 사람이 구원 얻는 것이 이제 가능하게 되었다는 것이다 (W., X, 318-22).

8.7.1.6. 그리스도의 속죄사역과 구원의 관계

8.7.1.6.1. 보편적 속죄: 그리스도는 만인의 구원 가능성 획득

웨슬리는 보편적인 속죄를 주장한다. 그리스도는 모든 사람을 위해서 죽으므로 그들의 구원 가능성을 획득하였다. 그리스도가 모든 사람들을 위해서 죽으므로 하나님의 공의를 만족시켰기 때문이다. 따라서 죄용서가 모든 사람들에게 제안되었다. 은혜가 모두에게 확대되었으므로 그리스도 안에서 모두가 회복된 것이다. 따라서 아담의 죄 때문에 아무도 지옥에 보내지지 않는다고 주장한다 (W., VIII, 277).

그리스도의 죽음이 우리의 죄를 용서하는 기반이 되었으므로 우리는 그리스도 때문에 용서를 받는다 (W., V, 236-240). 그러나 사람은 자기를 구원하지 못해도 자기가 구원될지 아니면 상실될지를 결정할 수 있다고 주장한다 (W., X, 350).

구원 가능성은 생겼어도 사람이 자기의지로 구원 결정을 한다는 것이다.

8.7.1.6.2. 그리스도의 속죄사역: 죄용서를 위해서, 우리 안의 지옥 불 끔

웨슬리는 그리스도의 속죄사역은 두 가지를 위해서 이루어졌다고 보았다. 그리스도가 죽은 것은 우리의 죄용서를 위해서이고 또 우리 안의 지옥 불을 끄기 위한 것이라고 하였다 (W., IX, 489). 그러면서도 그리스도의 구속행위가 우리의 화해와 성화를 위해서 이루어졌다고 주장한다 (W., VIII, 277-278).

8.7.1.7. 구원과 자유의지의 관계

8.7.1.7.1. 모든 사람은 은혜로 자유의지 회복: 선악 선택의 자유 가짐

웨슬리에 의하면 모든 사람은 은혜로 자유의지가 회복되어 하나님과 함께 일할 능력을 가진다. 회복된 자유를 가지므로 선악을 선택할 자유를 갖는다. 하나님이 일하신 후에 우리도 일할 힘을 가진다 (W., X, 231, 468).

또 자유가 인간 영혼의 자산이어서 하나님의 은혜의 도움으로 인간은 선악을 선택할 가능성을 가진다. 따라서 선을 선택하면 죽을 때까지 선을 계속할 수 있다는 것이다 (W., VII, 228-229).

8.7.1.7.2. 자유의지로 구원 선택 가능

웨슬리에 의하면 사람은 자유의지로 그리스도 안에 있는 구원을 선택할 수 있다. 구원은 모든 사람에게 제공되어 있으므로 구원에 동의하는 모든 사람은 실제로 구원된다. 따라서 아무도 강요받지 않는다 (W., X, 235)고 한다.

사람은 자기에게 주어진 은혜를 저항할 수 있고 (W., X, 360) 그 은혜를 사용할 수도 있다는 것이다 (XIII, 96). 사람이 선악을 선택할 수 없다면 하나님의 공의의 합당한 대상이 될 수가 없다고 주장한다(W., X, 234).

8.7.1.7.3. 은혜를 사용하지 않아서 죄 지음

웨슬리에 의하면 은혜와 죄의 관계도 특별하다. 사람이 은혜를 입지 않았으면 죄짓지 않는다는 것이다. 사람이 죄가 있게 된 것은 가진 은혜를 사용하지 않아서이다. 사람이 은혜를 사용하면 죄지을 필요가 없어진다는 것이다 (W., VI, 512).

8.7.1.8. 신인협동으로 구원에 이름

8.7.1.8.1. 우리가 우리를 구원하지 않으면 하나님도 구원하시지 않음

웨슬리에 의하면 사람의 구원은 하나님의 단독 사역이 아니다. 사람이 하나님과 협동하여 자기의 구원을 이룬다.

우리가 우리 자신을 구원하지 않으면 하나님도 구원하지 않으신 다고 강조하였다 (W., VI, 511-513).

8.7.1.9. 아담의 죄와 그리스도의 죽음의 관계

8.7.1.9.1. 죽음: 아담의 죄의 전가로 아니고; 개인의 죄 선택으로

웨슬리가 아담의 죄과와 구원의 관계에 대해서 피력한 것을 살펴보자.

아담의 죄는 개인적인 것이므로 사람들이 아담의 죄과를 전가 받아 죽음에 이르지 않는다고 단언하였다. 아담의 죄과를 자기의 것으로 삼을 때만 그 죄과가 자기 것이 된다는 것이다. 아담의 후손들이 아담의 죄의 전가를 받아서 죄가 있는 것이 아니고 형벌 받을 가능성의 의미로 유죄한 것이라고 한다 (W., VI, 512; VII, 228).

8.7.1.9.2. 그리스도의 죽음: 아담의 죄과에서 모든 사람 해방

웨슬리는 그리스도의 죽음이 모든 사람들을 아담의 죄과로부터 해방하였다고 제시한다. 그런데도 사람이 믿기까지는 자기의 죄과에서 해방된 것이 아니라고 한다 (W., VII, 228).

또 유전죄의 죄과는 선행 은혜에 의해서 제거되었지만 이 은혜는 구속의 은혜가 아니라는 것이다. 그러면서도 그리스도의 피가 사람들을 속량한다고 주장한다. 왜냐하면 사람은 그의 죄성 때문에 하나님의 엄격한 공의를 감당할 수 없으므로 죽음에 해당한다고 웨슬리는 주장한다. 그래서 그리스도의 피가 그들을 위해서 속죄한다는 것이다 (W., V, 163-164).

8.7.1.9.3. 용서받을 죄: 의도적 외적 죄들

웨슬리는 용서받을 죄는 구체적인 외적, 의도적인 죄라고 주장한다. 의도적인 죄만이 하나님으로부터 죄를 가져오기 때문에 이 죄만 용서받는다고 한다 (W., IX, 312).

8.7.1.9.4. 사람은 원죄 때문이 아니고 자기의 죄 때문에 형벌 받음

웨슬리는 아담의 죄 때문에 사람들이 형벌 받는 것이 아니고 자신의 내적, 외적 죄에 대해서만 형벌을 받는다고 가르친다 (W., IX, 286). 이런 죄들은 개인적인 행동에서 나온 죄과이기 때문이라고 단언한다 (W., VII, 490).

8.7.1.9.5. 사람 안의 죄는 죄가 아니고 죄를 선택해서 죄가 됨

웨슬리는 믿는 사람들 안에 있는 죄는 사람을 죄인으로 만들지 않는다고 단정한다. 개인이 죄로 향하는 것과 죄를 자기의 것으로 선택하는 것이 죄라는 것이다 (W., VI, 512).

웨슬리는 믿는 사람은 하나님을 믿으므로 의도적으로 그의 계명을 범하지 않는다고 제시하였다 (W., VI, 227-228).

8.7.1.9.6. 무의식 범죄는 정죄되지 않음

웨슬리는 믿는 자나 믿지 않는 자나 무의식적으로 죄지으나 무의식적인 범죄는 사람을 정죄하지 않는다는 것이다 (W., V, 99, 108-109). 또 믿는 사람 안에 있는 죄는 죄를 구성하지 않기 때문이라고 한다 (W., VI, 263).

8.7.1.10. 회개와 회개의 열매로 칭의 받음

8.7.1.10.1. 회개가 믿음에 절대적으로 앞서 감

웨슬리는 회개가 믿음에 절대적으로 앞서 간다고 말한다. 회개는 고치려는 진지한 결의이고 고치려는 실제적인 욕망이다. 이런 것은 선행 은혜의 결과이고 본성적인 능력에서 나온 것이 아니다. 회개로 믿음에 이른다는 것이다 (W., XI, 494).

8.7.1.10.2. 회개의 열매가 칭의에 필수적

웨슬리에 의하면 사람은 회개의 정도로 의롭다 함을 받는다. 회개와 회개에 합당한 열매가 의롭게 되는 데 필수적이다. 선행(善行)을 소홀히 하면 의롭다 함을 받지 못한다 (W., VI, 48).

8.7.1.11. 믿음과 선행 은혜의 관계

8.7.1.11.1. 믿음을 주시기를 기도해야 하나님이 믿음 일으키심

웨슬리에 의하면 하나님이 믿음을 일으키시도록 우리가 기도하면 하나님이 우리 안에서 믿음을 일으키신다. 믿음은 하나님의 은혜에 대한 살아 있는 그리고 용감한 신뢰이다. 믿음은 성령도 가져온다. 이 믿음은 공로적인 원인은 아니지만 구원의 조건이라고 제시한다 (W., X, 279).

8.7.1.11.2. 첫 믿음: 선행하는 은혜와 협동으로; 첫 믿음으로 죄용서 받음

웨슬리에 의하면 믿는 것과 순종하는 것을 계속하면 하나님이 믿음을 주신다 (W., XII, 359-360, 387). 첫 믿음은 선행하는 은혜와 협동해서 나온 것이지만 죄용서를 가져온다고 한다 (W., VII, 235-236).

죄인에게 주어진 초기단계의 믿음도 열매를 맺는다. 그 믿음은 죄용서와 성령을 가져오고 기쁨과 평화와 사랑과 죄 위에 권세를 가져온다. 곧 이 초기단계의 믿음도 구원을 가져온다 (W., V, 85-86; VIII, 276-277)고 주장한다.

8.7.1.11.3. 아들의 믿음: 하나님에 대한 확실한 신뢰

종의 신앙단계에서 아들의 신앙단계로 옮아가는데 (W., I, 106, 117) 아들의 신앙단계는 하나님이 심장에 이루신 성향 (disposition)으로서 하나님에 대한 확실한 신뢰이다. 그리하여 하나님과 화해한다 (W., V, 213). 약한 믿음도 참 믿음일 수 있지만 (W., I, 257, 276) 잃어버릴 수 있다 (W., I, 117; VI, 526-527; XIII, 62)고 웨슬리는 말한다.

8.7.1.12. 사랑의 선행으로 칭의 받음

8.7.1.12.1. 믿음은 단지 사랑의 수단일 뿐

웨슬리의 가르침에 의하면 믿음은 단지 사랑에 이르는 수단일 뿐이다 (W., XII, 78-79). 그러나 믿음이 자라면 사랑도 자란다. 믿음이 완전해지면 순수한 사랑이 지배한다 (W., VI, 49-54; VII, 236-38).

8.7.1.12.2. 선행이 칭의에 필수적

웨슬리는 회개와 회개에 합당한 열매들이 칭의에 필수적이라고 한다 (W., VI, 48). 그러면서도 회개할 때 믿어야 칭의된다고 강조한다 (W., XI, 494).

8.7.1.13. 선행으로 완전성화를 이룸

8.7.1.13.1. 선행들로 완전성화

웨슬리는 선행들로 사람이 완전하게 되지 않았으므로 믿음이 성화의 유일 조건이라고 한다 (W., VI, 49), 그러면서도 열렬한 순종, 훈련된 삶, 자기부정, 자기가 할 수 있는 모든 것 곧 선행을 해야 완전히 성화된다 (W., VI, 50)고 주장한다.

8.7.1.13.2. 완전성화로 하나님께 온전히 헌신

웨슬리는 그리스도인이 완전에 도달하면 우리의 온 심장으로 하나님을 사랑하게 되고 하나님께 헌신된 심장과 삶을 갖게 된다고 말한다. 이 완전으로 그리스도가 살았던 삶을 살게 된다 (W., III, 369)고 하였다.

8.7.1.13.3. 완전성화는 죄에서 완전 자유

현세에서의 그리스도인의 완전은 천사의 완전도 아니고 타락 전의 아담의 완전도 아니라고 웨슬리는 반복적으로 강조한다. 그러나 이 거룩은 보편적인 거룩으로서 자신을 전적으로 하나님께 헌신함과 죄에서 자유함을 뜻한다고 한다 (W., VI, 411-423). 이 죄에서의 자유는 의도적인 죄와 내적 죄에서 완전히 자유하게 되는 것을 말한다 (W., VI, 417-418, 492).

8.7.1.14. 완전성화로 칭의 받음

8.7.1.14.1. 선행 (先行) 은혜로 선행 (善行)을 하여 전적 성화에 이름: 따라서 칭의 받음

선행하는 은혜와 협력하여 선행을 하고 회개하면 칭의를 얻는다. 이것이 거룩의 시작 단계이다. 거룩함 혹은 완전은 선행하는 은혜로 시작하여 (W., VI, 44) 사람으로 칭의를 받게 한다 (W., VIII, 373).

웨슬리에 의하면 성화 없이는 칭의되지 않는다. 하나님은 거룩하게 된 자를 의롭다고 하신다 (W., V, 57). 최종 칭의도 계속적인 선행과 마음의 거룩에서 나온 순종으로 된다는 것이다 (W., I, 321; VIII, 47).

8.7.1.14.2. 중생으로 성화 시작: 주입된 의로 거룩하게 됨

성화는 중생 혹은 회심으로 시작한다 (W., V, 223-224; VI, 6-7). 중생 후에 사람은 자라서 성화 혹은 완전에 이른다 (W., VI, 66). 전적 성화는 철저한 내적 변화를 말한다 (W., I, 172). 다시 말하면 의가 신자에게 주입되어 성화가 시작함을 말한다 (W., IX, 343). 주입된 의가 내재적이 되어 (inherent) 사람이 실제로 거룩하게 된다. 즉 내재적으로 거룩하게 된다는 것이다 (W., X, 271-283).

8.7.1.14.3. 완전성화를 위해 우리의 노력이 필수적

웨슬리는 점진적인 성화를 위해서 다음과 같이 준비해야 한다고 가르친다. 곧 온당한 행동들을 할 뿐만 아니라 (W., VII, 27-34) 우리 마음의 진지하고 냉철한 성향을 보존하고 감정을 조절하면서 성령이 우리의 본성을 깨끗하게 하도록 해야 한다는 것이다 (W., VII, 489). 이렇게 하여 점진적으로 죄에 대해서 죽고 깨끗하게 되는 것이 (W., VI, 46; VIII, 285) 점진적인 성화라고 한다 (W., VI, 490).

8.7.1.15. 점진적 완전성화와 순간 완전성화

8.7.1.15.1. 점진적 성화에서 순간 완전성화로

웨슬리는 중생에서 시작된 성화는 점진적으로 성화하다가 순간에 완전함에 이른다고 한다 (W., XII, 208; VI, 46, 409). 점진적 성화사역에서 죄에 대하여 죽고 은혜로 자라나는데, 이런 점진적 성화를 거쳐서 순간에 완전성화에 도달할 수 있다고 주장한다 (W., XI, 367).

완전성화의 단계에서 사람이 심장의 모든 죄 됨에서 자유하게 된다 (W., VI, 490). 이것이 전적 성화 (entire sanctification)인데 순간에 일어난다 (W., VI, 49; XIV, 261-262)고 웨슬리는 가르친다.

이 전적 성화는 순간에 즉각적으로 이루어진다. 신자가 점진적으로 변화를 진행시키면 순간적 변화를 하게 된다 (W., VIII, 328-329). 이것이 순간 완전성화이다.

그런데도 웨슬리는 지난 45년의 경험으로 점진적 성화로 완전성화에 도달한 것을 보지 못하였다고 진술하였다 (W., XIV, 261-262).

8.7.1.16. 현생에서 완전성화 도달

모든 그리스도인은 완전에 도달할 수 있으며 (W., XIV, 261-263) 현생에서 도달 가능하다고 웨슬리는 가르친다(W., VIII, 294). 평생 하나님을 사랑하고 이웃을 사랑하는 자는 성경적으로 완전한 그리스도인이라는 것이다 (W., XII, 257).

웨슬리는 완전성화는 누구나 도달 가능하다고 말하면서 실제는 소수만이 도달하였다고 제시하였다 (W., VIII, 286-290).

8.7.2. 19세기에 완전주의가 피니에 의해서 미국에 정착

웨슬리의 완전성화는 완전주의란 이름으로 19세기 중엽 미국에 정착하였다. 19세기 초엽 미국 동부 지역에서 부흥운동을 일으킨 찰스 피니 (Charles Finney, 1792-1875)가 완전성화를 완전주의란 이름으로 미국에 정착시켰다. 또 피니는 오벌린 대학 (Oberlin College)에서 완전주의를 주창하고 전파하였다.

피니가 칭의와 관련하여 완전성화를 어떻게 제시하는지 살펴볼 필요가 있다.

8.7.2.1. 완전성화: 하나님의 법에 전적 순종

피니에 의하면 거룩은 사랑으로 성립한다. 사랑은 전 존재를 하나님의 영광으로 성별(聖別)하는 것과 일치한다는 것이다 (Systematic Theology, 339). 성별은 몸과 영혼이 구조적으로 변화하는 것이 아니라 몸과 영혼의 힘을 하나님께 바치는 것이라고 한다. 성별되었다는 것은 온 마음으로 하나님을 사랑하고 이웃을 자기 자신처럼 사랑하는 것을 뜻한다. 그것은 순종의 상태를 말하고 하나님의 법에 합치하는 것이라고 하였다 (ST, 340-41).

피니는 성화를 하나님께 전적인 순종 혹은 전적인 성별이라고 정의한다. 이런 성화의 단계에서 죄지을 수 있고 죄짓고 싶어 할 수 있다는 것이다. 그의 강조점은 완전성화는 하나님의 법에 전적으로 순종하는 것이다 (ST, 342).

8.7.2.2. 완전성화: 자연적 힘으로 현세에서 도달 가능

피니에 의하면 완전성화는 현재의 삶에서 도달하는 것이 전적으로 가능하다 (ST, 342-343). 그것도 자연적 능력에 근거해서 가능하다. 하나님의 법에 전적으로 순종하는 것이 현세에서 도달 가능한 것은, 사람이 갖는 자연적 힘을 올바로 사용하는 것만을 요구하기 때문이라고 한다 (ST, 343). 더구나 이 추구에 은혜가 조달되기 때문에 현세에서 도달 가능하고 반드시 그렇게 이루어져야 한다. 사도들과 선지자들과 복음서 저자들도 완전성화가 현세에서 이루어진다고 주장했다는 것이다 (ST, 344-345).

온 마음과 온 영혼으로 주 하나님을 사랑하라는 계명이 현세에 주어졌으므로 실행할 수 있다는 것이다 (ST, 345-346). 그리스도의 장성한 분량에 도달하는 것이 전적인 성화이므로 현세에서 도달할 수 있고 실현 가능하다고 주장한다 (ST, 345, 347-348, 350, 359).

8.7.2.3. 완전: 하나님 사랑, 그리스도 사랑, 사람 사랑에서 완전함

피니는 모든 그리스도인의 지속적인 목표는 모든 것들에서 완전함이라고 말한다. 곧 하나님 사랑, 그리스도 사랑, 사람 사랑에서 완전함 그리고 사람이 하는 모든 일에 있어서 완전함이다. 죄의 상태를 묵인하지 않고 사는 사람은 하나님의 친구가 된다. 그러므로 하나님만큼 거룩하지 않은 사람은 하나님의 친구가 될 수 없다 (ST, 355)고 단언한다.

8.7.2.4. 완전성화의 사례들

피니는 에드워즈 부인 (Mrs. Edwards)을 완전성화자로 여겼다. 왜냐하면 그녀는 담배 피우는 것에 인박혔는데 그리스도의 죽음이 자기를 이 죄에서 구원하였다는 것을 고백하고서 담배 피우는 것을 완전히 끊었기 때문이라는 것이다. 또 하나님의 은혜로 이보다 더 험한 죄도 죽여 없앴다고 피니는 주장한다 (ST, 356).

8.7.2.5. 반론; 성화는 성령이 복음선포에 역사하셔서 이루심

피니의 주장처럼 성화는 선행하는 은혜와 협동해서 얻을 수 있는 것이 전혀 아니다. 사람은 그런 능력도 없고 그럴 수도 없다. 성화는 전적으로 성령이 하시는 일이다. 복음을 선포하면 성령이 역사하셔서 사람을 거룩하게 되도록 하신다. 곧 죄의 욕망을 끊고 죄를 버리고 깨끗한 삶을 살게 하신다. 이것이 거룩하게 됨 곧 성화이다.

8.7.3. 알미니우스의 완전성화

알미니우스 (Jakobus Arminius, 1560-1609)는 사람이 자유의지로 회개하고 믿기로 결정하여 의롭다 함을 얻는다고 주장하였다.

그는 주장하기를 무조건적인 예정이 아니고 믿을 것을 미리 아시고 예정하였다고 한다. 따라서 은혜는 불가항력적인 세력이 아니고 저항할 수 있어서 은혜에서 탈락할 수 있다고 단언하였다.

8.7.3.1. 하나님의 계명들을 완전하게 지킬 수 있음

알미니우스는 중생자가 현재의 삶에서 하나님의 계명들을 완전하게 지킬 수 있다는 펠라기우스의 주장에 대해서 근본적으로 자기의 견해도 같다고 하였다. 그러나 펠라기우스주의자로 인정되기는 싫다고 하였다. 그는 모든 계명들을 완전하게 지킬 수 있으나, 그리스도의 은혜로 할 수 있고 은혜 없이는 결코 할 수 없다고 하였다 (A Declaration of the Sentiments of Arminius on the Perfection of

Believers in This Life).

8.7.3.2. 자기의 힘과 능력으로 아니고 그리스도의 은혜로 완전 선을 행함

알미니우스는 신자가 현재의 삶에서 그리스도의 계명들을 완전하게 지킬 수 있다고 하는 것을 자기는 긍정하지도 않았지만 부정하지도 않았다고 말한다. 펠라기우스는 사람이 자기의 고유한 힘과 능력으로 하나님의 법을 성취할 수 있지만 그리스도의 은혜로 더 쉽게 할 수 있다고 하였다. 그러나 알미니우스는 이 견해를 이단적이라고 본다고 하였다. 그의 주장은 믿는 자가 중생하면 그리스도의 은혜의 도움으로 완전하게 선한 것을 할 수 있다는 것이다 (on the Perfection of Believers in This Life).

8.7.3.3. 은혜의 도움으로 선행을 하지만 은혜는 불가항력적이 아님

알미니우스는 사람이 중생하면 선행을 할 수 있지만 하나님의 은혜의 도움을 입어야 한다고 주장한다 (A Declaration on the Free Will of Man). 중생했어도 성령의 은사들을 주입하지 않으면 선을 행할 수 없다고 하였다 (A Decl. on the Grace of God, 3).

그러나 하나님의 은혜가 주권적으로 역사하는 것이 아니고 하나님이 사람과 동사하신다. 왜냐하면 하나님의 은혜는 불가항력적인 세력이 아니기 때문이다. 사람은 막는 은혜, 뒤따라오는 은혜와 협동하는 은혜로 말미암아 중생하고 또 선행을 할 수 있다 (A Decl. on the Grace of God). 하나님의 은혜는 불가항력적 세력이 아니므로 많은 사람들이 성령에 저항하고 은혜를 거부하기도 하였다고 전개한다 (ibid).

8.7.3.4. 선행의 주체는 자유의지

알미니우스는 은혜가 선행을 시작하고 계속하며 완성한다고 주장한다 (A Decl. on the Grace of God, 3). 그러나 자유의지가 그리스도의 은혜의 도움을 받아 선행과 하나님의 계명들을 현생에서 완전하게 지킬 수 있다는 것이다. 알미니우스의 가르침은 완전성화의 초기 형태에 속한다.

8.7.4. 펠라기우스의 완전성화

펠라기우스 (Pelagius, +c. 418)는 완전성화의 시발자이다.

8.7.4.1. 자유의지는 죄지을 필요도 없고 하나님의 도움도 필요하지 않다는 것

펠라기우스는 주장하기를 자유의지는 죄지을 필요도 없으므로 하나님의 도움도 구할 필요가 없다고 하였다. 자유의지의 결정을 우리 인간본성에 귀속시켰다 (Augustinus, De Peccatorum Meritis et Remissione, liber II, caput 2).

펠라기우스와 그의 추종자들은 사람에게 의지가 없으면 우리는 죄짓지 않는다고 단언하였다. 하나님도 인간의지에 불가능한 것은 명령

하기를 원하시지 않는다는 것이다 (De Peccatorum Meritis, liber II, caput 3).

8.7.4.2. 자유의지의 결정을 받아야 하고 도움을 기도할 필요가 없음: 의는 자기 자신으로부터만 옴

그뿐만 아니라 펠라기우스는 주장하기를 우리는 의지의 결정을 받아야 하지 죄짓지 않도록 하나님이 도우시기를 기도할 필요가 없다고 하였다 (De Peccatorum Meritis, liber II, caput 6). 따라서 의는 자기 자신으로부터만 와야 하고 창조주로부터는 구할 필요가 없다고 하였다 (De Peccatorum Meritis, liber II, caput 6).

8.7.4.3. 인간이 능력이 있으므로 완전 가능

펠라기우스는 완전을 실행할 수 있다고 주장하고 있다. 주께서 말씀하시기를 너희는 하늘에 계신 너희 아버지가 완전하신 것처럼 완전하라고 하셨다. 이 명령은 그가 명령하신 것이 실행할 수 없는 것임을 알았다면 주시지 않았을 명령이라는 것이다. 이것은 살 동안 사람들이 완전을 받았으면 죄짓지 않을 수 있다는 것이다. 곧 세상에 사는 동안 사람은 완전을 성취할 수 있다는 것이다 (De Peccatorum Meritis, liber II, caput 22).

8.7.4.4. 바울은 죄 없는 완전한 사람

펠라기우스와 그의 추종자들은 바울의 진술 곧 '나는 선한 싸움을 싸우고 믿음을 지켰고 나의 달려갈 길을 마쳤으니 이제 후로는 나를 위하여 의의 면류관이 예비되었다'(딤후 4:7-8)는 본문을 완전하게 될 수 있는 증거로 제시하였다.

바울이 죄가 있었으면 이런 말을 하지 않았을 것이라고 주장한다. 아직도 만날 큰 투쟁이 있고 괴롭고 과도한 고난의 짐이 기다리고 있다면 그가 어떻게 이런 말을 했겠느냐는 것이 그들의 설명이다. 그래서 바울이 이 말을 할 때는 그는 아무런 죄도 없이 완전해졌다고 펠라기우스파는 주장한다 (De Peccatorum Meritis, liber II, 24).

8.7.4.5. 아담은 죄로 죽은 것이 아니고 티끌로 지어졌기 때문에

펠라기우스는 아담이 처음 형성될 때부터 티끌로 지어졌으므로 죽고, 죄의 형벌로 죽은 것이 아니라고 단정하였다. 그의 존재의 필연성으로 죽는다는 것이다. 사람은 티끌로 지어졌으므로 티끌로 돌아가는 것이 당연하다는 것이다 (De Peccatorum Meritis, liber 1, caput 2).

8.7.4.6. 아담의 범죄: 후손에게 전달 아님

펠라기우스는 아담의 범한 죄가 후손들에게 본성적으로 전해진 것이 아니라고 하여 원죄의 유전을 전적으로 부정하였다 (De Peccatorum Meritis, liber 3, caput 1). 따라서 자녀들 중에는 원죄가 전달되지 않아서 죄 없는 자녀들이 있다는 것이다. 그러므로 어린아이들이 세례 받을 필요도 없다고 하였다.

더구나 아담의 범죄가 죄짓지 않은 사람들을 해하였으면, 그리스도의 의는 믿지 않는 자들도 이롭게 하였다고 제시한다. 곧 유아들은 죄짓지 않으므로 아담의 죄는 이들을 해롭게 함이 없다는 것이다. 왜냐하면 유아들은 자기 자신의 삶에서 죄와 접촉되지 않았기 때문이다 (De Peccatorum Meritis, liber 3, caput 2).

펠라기우스와 그의 추종자들은 하나님이 한 사람에게 그의 죄를 용서하여 주셨는데 다른 사람의 죄를 그에게 전가할 수 없다고 주장하였다 (De Peccatorum Meritis, liber 3, caput 15).

8.7.4.7. 세례로 원죄가 씻어졌으면 유전은 불가

더구나 세례가 원죄를 씻어낸다면, 양쪽 부모 다 세례를 받은 경우 자녀들에게 부모들이 갖고 있지 않은 죄 곧 원죄를 전가해줄 수 없다고 펠라기우스파는 주장하였다 (De Peccatorum Meritis, liber 3, caput 16).

제9장

믿는 자의 끝까지 참아냄

(聖徒의 堅忍, Perseverantia Sanctorum)

Iustificatio, Sanctificatio
Iustificatio, Sanctificatio
Iustificatio, Sanctificatio

제1절 끝까지 참아냄

예수 그리스도의 피로 씻음 받아 그의 몸에 접붙여진 사람들은 구원 은혜에서 떨어져 나감이 불가능하다. 한번 주 예수의 이름으로 부름 받아 믿음고백을 하여 죄를 씻음 받은 자들은 그의 거룩한 구원에서 탈락할 수 없다. 믿는 자들은 마지막까지 주 예수를 믿는 믿음에 머무르고 자기 구원의 확신을 갖는다.

그리스도와 연합한 자들이 구원에서 떨어져 나갈 수 없다고 하는 것은 그들이 믿음생활에서 범죄나 실수를 하지 않는다는 말이 전혀 아니다. 또 항상 구원의 확신으로 산다는 말도 아니다.

구원을 얻은 사람들도 삶의 길에 많은 시험과 유혹을 만난다. 육의 욕망이 강하게 일어날 때 그것을 억제하여 욕망의 사슬에서 벗어날 수 없게 되는 경우들도 많이 있다. 육의 욕망(concupiscentia)이 강하게 역사하면 그것을 이기지 못하여 범죄하고 허물을 갖게 된다. 이런 경우 구원의 확신이 사라지고 범죄로 말미암아 닥쳐올 무서운 심판과 정죄 앞에 두려워 떨게 된다. 그리고 꽤 오랜 날들 동안 회개도 못하고 마음의 평안을 누리지 못한다. 용서받을 수 있다는 확신도 얻지 못한다. 절망의 늪에서 허우적댄다. 범죄로 인한 쓰라

림과 아픔도 겪는다.

또 지은 죄의 힘이 커서 거기서 벗어나지 못하고 죄를 되씹으며 그 죄 가운데 살기를 좋아한다. 이런 날들이 얼마나 오래되는지는 형편에 따라서 달라진다.

그러나 하나님은 주 예수 그리스도의 피로 구원하신 사람들을 내버려두지 않으신다. 성령의 위로와 힘을 주시고 그 눈을 들어 그리스도의 십자가를 바라보게 하신다. 십자가 사건이 자기를 위해서 일어났음을 깨닫게 하신다. 그리고 그 지은 죄가 용납할 수 없는 것이었음을 깨닫고 슬퍼하게 하신다.

이런 성령의 위로와 힘주심을 힘입어 범죄한 사람들이 회개하고 용서를 빈다. 하나님의 깊은 사랑을 다시 깨닫는다. 주 예수 그리스도의 십자가의 죽음과 피 흘림이 자기를 위해서 일어났음을 받아들여 다시 믿음생활로 돌아간다.

믿는 자들이 범죄와 실수를 자주 경험하지만 그리스도의 피로 구속받은 자들은 끝까지 믿음에 머물러 구원에 이른다.

믿는 자들이 스스로 믿음을 잘 지키는 것이 아니고 하나님이 은혜를 베푸셔서 믿음에 머물게 하시기 때문이다. 즉 믿는 자들이 끝까지 참아내는 것은 하나님의 선물이다 (Perseverantia sanctorum est donum Dei). 혹은 견인의 선물은 하나님의 은택이다 (Perseverantiae donum est beneficium Dei). 곧 하나님은 한번 불러 믿게 하신 자들을 끝까지 믿음에 남아 구원에 이르도록 하신다.

이것이 믿는 자들의 견인이다. 성도들의 견인에는 이유들이 있다. 그것은 은혜의 주권성에서 나온다.

믿는 자들은 하나님이 은혜로 부르신 사람들이다. 그들이 믿음고백을 하여 그리스도에게 연합된 것은 전적으로 하나님의 은혜의 선물이다. 그러므로 믿는 자들의 믿음과 구원은 전적으로 은혜이다 (엡 2:8-9).

하나님의 구원 은혜는 사람이 사라지게 하거나 무효가 되게 할 수 없다. 하나님은 주권적으로 은혜를 베푸셔서 부름 받은 자들이 끝내 구원에 이르도록 하신다. 하나님은 구원 은혜를 받은 자들을 사람의 형편에도 불구하고 끝까지 구원으로 인도하신다.

이런 은혜의 섭리는 몇 가지 근거를 가진다.

9.1.1. 끝까지 믿음에 머무르는 것은 하나님이 택하여 구원을 주셨기 때문

첫째로 믿는 자들이 끝까지 믿음에 머물러 구원에 이르는 것은 하나님이 택하여 아들에게 주신 자들이기 때문이다 (요 10:29). 구원자이신 주 예수 그리스도가 이들에게 영원한 구원을 주시므로 아무도 멸망에 이를 수 없다. 이런 자들은 결코 멸망에 이를 수도 없거니와 아들의 손에서 빼앗아 멸망에 이르게 할 자가 없다 (요 10:28). 이들은 그리스도 자신이 택하신 자들이기 때문이다 (요 15:16).

택하신 자들을 그리스도의 피로 씻어 깨끗하게 하시고 그리스도에게 접붙이셨다. 이렇게 그리스도 안에서 택정함을 입어 (엡 1:4) 그에게 접붙여진 하나님의 백성들이 구원에서의 탈락은 전적으로 불가능하다.

9.1.2. 탈락 불가 이유는 그리스도에게 접붙여졌기 때문

둘째로 그리스도에게 접붙여진 자들은 그 접붙여진 데서 떨어져 나갈 수가 없다. 하나님은 사람들을 예수 그리스도의 이름으로 부르시고 그리스도의 피로 깨끗하게 하여 그들을 그리스도에게 연합시키셨다. 그리스도에게 접붙여짐으로 (롬 11:17-19, 24) 그리스도의 생명으로 살게 되었다. 그들은 생명의 원천이신 그리스도로부터 나오는 생명으로 산다 (요 5:24, 26; 6:33, 35). 그리스도의 생명을 받아 사는 자들은 그 생명의 원천에서 떨어질 수 없게 그에게 연합되었다. 그러므로 세상의 어떤 것도 믿는 자들을 그리스도에게서 끊어낼 수 없다 (롬 8:35).

9.1.3. 탈락 불가 이유는 성령으로 인쳐졌기 때문

셋째로 하나님은 믿는 자들에게 확실한 징표를 주셨다. 이 징표 때문에 믿는 자들이 그리스도의 구원에서 떨어져 나갈 수 없다.

주 예수를 믿는 믿음고백한 자들은 주의 영으로 인쳐진 자들이다 (엡 1:13; 4:30). 성령으로 인친 것은 우리의 상속을 보증하는 것이다 (엡 1:14). 우리가 구속에 도달하는 날까지 성령이 우리의 구속을 보증하신다 (엡 4:30).

성령 파송자가 성령이 오시면 영구히 우리와 함께 하도록 하시겠다고 약속하셨다. "그가 또 다른 보혜사를 너희에게 주사 영원토록 너희와 함께 있게 하시리니" (καὶ ἄλλον παράκλητον δώσει ὑμῖν, ἵνα μεθ᾽ ὑμῶν εἰς τὸν αἰῶνα ᾖ; 요 14:16).

한 번 오신 성령은 우리를 떠나시는 것이 아니다. 성령은 믿음고백 시에 우리 안에 거주하기 시작하신 후에는 결코 떠나시지 않는다. 그러므로 성령은 우리의 시험과 유혹, 허물과 범죄의 경우에라도 우리를 떠나시는 것이 아니다. 비록 믿는 자가 범죄하였을 때에 성령이 역사를 쉬기는 해도 그에게서 거주를 옮기지 않으신다.

우리의 구원과 부활의 보증으로 오신 성령이 떠나시면 우리의 구원이 땅에 떨어진다. 성령 파송자의 약속대로 한 번 오신 성령은 결코 믿는 자들을 떠나시지 않는다 (요 14:16).

범죄할 경우 범죄한 자를 위로하고 권면하여 다시 그리스도의 십자가를 바라보도록 고개를 들게 하신다. 그리고 그리스도의 피 흘리심에 의지해서 죄용서를 구하게 하여 다시 하나님의 자녀의 자리로 돌아가게 하신다.

9.1.4. 탈락 불가 이유는 믿는 사람들이 창조경륜에 합당하기 때문

넷째로 예수 그리스도의 피로 구속받은 사람들은 하나님의 창조경륜에 합한 자들이므로 구원을 상실할 수가 없다.

언약백성이 반역하여 창조경륜을 낭패되게 하였지만 하나님은 그의 경륜을 성취하기로 하셨다. 창조주는 예수 그리스도로 피 흘려 그들의 죗값을 갚게 하시므로 죄를 다 용서하고 다시 백성으로 삼으셨다. 따라서 구속받은 백성은 창조경륜에 합한 자들이다. 그러므로 그리스도의 피로 구속받은 백성은 결코 상실되지 않는다.

이것이 견인의 은혜이다 (perseverantiae donum).

제2절 구원에서 떨어짐의 가능성 문제

은혜의 주권성을 강조하는 개혁신학에서는 믿는 자가 구원에서 떨어져 나가는 것이 원리상 불가능하다. 하나님이 한 번 구원 은혜를 입히신 자에게서 은혜를 거두어가시지 않기 때문이다.

그러나 알미니안 신학에서는 구원 은혜를 입은 사람도 구원에서 탈락함이 가능하다고 제시한다.

9.2.1. 알미니안 신학의 견해

알미니안 신학은 믿는 자들이 구원에서 탈락 가능하다고 가르친다. 그 신학이 어떠한지 개요만 살펴보자.

9.2.1.1. 개조할 수 없는 사람들: 진노 아래 두기로 작정

알미니안 5개조 중에서 첫 조항은 하나님의 작정을 말한다. 하나님은 타락한 인류종족 중에서 성령의 은혜로 그의 아들 예수를 믿고 이 믿음과 믿음의 순종에 끝까지 참아낼 사람들을 결정하셨다. 반면에 개조할 수 없는 사람들과 믿지 않는 자들을 죄와 진노 아래 두기로 결정하셨다.

여기서 주목되는 점은 고칠 수 없는 사람들이다. 은혜의 역사로도 고칠 수 없는 사람들이 있어서 그들은 죄와 진노 아래 남겨두기로 하셨다고 하는 것이다. 주권적 은혜의 역사로도 사람들을 고치거나 믿게 할 수 없으면, 결국 사람의 자유의지가 마지막 결정을 한다. 이것은 어불성설이다.

9.2.1.2. 그리스도: 각 사람을 위해 죽고 죄용서 획득

알미니안 신학에서는 보편구원이 강조된다. 제 2 조에 의하면 예수 그리스도 세상의 구주가 모든 사람을 위해서 그리고 각 사람을 위해 죽으셔서 그들 모두를 위하여 구속과 죄용서를 획득하셨다.

이런 신학에 의하면 그리스도는 모든 사람을 위해서 구원을 획득하였지만 실제로는 아무도 구원하시지 못한다. 왜냐하면 사람이 자유의지로 자기의 구원 여부를 결정하기 때문이다.

9.2.1.3. 참으로 선한 것을 바르게 이해하고 행할 수 있기 위해서 중생해야 함

알미니안 3조는 중생을 다루면서 "배도와 죄의 상태에 있을 때에는 곧 중생하지 않았을 때에는 참으로 선한 것을 생각하고 원하고 행할 수도 없다. 따라서 선한 것을 바르게 이해하고 생각하고 원하고 행할 수 있기 위해서 중생해야 한다"고 제시한다. 중생하여 믿음고백을 하는 것이 아니고 참으로 선한 것을 바르게 이해할 수 있기 위해서 중생해야 한다고 주장한다.

그러나 선한 것을 바르게 이해하고 행할 수 있는 것은 중생하여 믿음고백을 한 후의 일이다. 성령은 주 예수를 믿도록 하기 위해서 사람을 중생시키지 다른 목적을 가지시지 않는다.

9.2.1.4. 돕는 은혜로 선행을 하지만 은혜는 불가항력적 아님

알미니안 4조에 의하면 중생한 사람 자신이라도 앞서 오는 은혜 (praecedente sive praeveniente ista) 혹은 돕는 은혜 없이는 또 뒤따라오는 혹은 협동하는 은혜 없이는 선을 생각하거나 원하거나 행할 수도 없고 악으로의 유혹들을 물리칠 수도 없다. 그러나 이 은혜의 역사방식에 관해서는 그것은 불가항력적이지 않다고 단정한다 (quod ad modum operationis ejus gratiae attinet, non est ille irresistibilis).

돕는 은혜가 일을 해서 중생에 이르게 하기는 해도 그 은혜는 불가항력적이지 않다고 한다.

그런데 구원 은혜가 불가항력적이지 않다고 하면, 사람의 자유의지가 마지막 결정을 한다. 그러면 그리스도의 구속사역이 허사가 된다.

9.2.1.5. 접붙여진 사람들: 죄와 사탄과 싸울 힘을 가졌으나 탈락 가능

알미니안 5조에 의하면 참 믿음으로 그리스도에 접붙여지고 그의 살려주는 영에 동참하는 자들은, 사탄과 죄와 세상과 자기들의 육에 대항해서 싸워 이길 충분한 힘을 가졌다. 그러나 그것은 성령의 돕는 은혜로 말미암아서이고 또한 예수 그리스도가 모든 시험에서 그의 영으로 그들을 돕고 그의 손을 펴신다. 또 그들이 싸울 준비가 되어 있으면서 그의 도움을 원하면 그들을 떨어지지 못하게 하신다. 그리하여 그들이 사탄의 꾀나 힘으로도 잘못 가게 되지 않고 그리스도의 손에서 빼앗기지 않는다.

그러나 그들이 게을러서 그리스도 안에 있는 그들의 삶의 시작을 버릴 수 있고, 다시 현재의 악한 세상으로 돌아갈 수 있다. 그런데 처음 받은 거룩한 가르침에서 돌아설 수 있고 또 선한 양심을 잃거나 은혜가 없게 될 수 있는지는 성경에서 자세히 살펴서 결정할 것이라고 주장한다.

이 조항은 타락의 가능성을 인간의 행함에다 맡겨둔 것이다. 사람이 소홀히 하면 구원에서 탈락할 수 있음을 강조한 것이다.

9.2.2. 알미니우스의 견해

알미니우스 (Jakobus Arminius)는 성도들의 인내에 대해서 다음과 같이 진술한다.

9.2.2.1. 그리스도에 접붙여진 사람들: 죄와 싸울 힘 가짐; 무조건적 인내는 아님

알미니우스는 성도들이라도 조건에 맞으면 인내하지만 무조건적인 인내는 아니라고 주장한다.

그리스도에 접붙여지고 성령에 참여한 자들은 사탄, 죄, 육신, 세상과 싸울 수 있는 충분한 힘을 갖는다. 그리스도는 그들을 돕는다. 그들이 도움을 구하고 또 부족하지 않으면 그들을 보존한다. 사탄의 꾀로도 그들을 그리스도의 손에서 빼앗지 못한다. 그리하여 참으로 믿는 자들은 결코 믿음에서 떨어지지 않는다. 그러나 알미니우스는 무조건적인 인내를 지시하지 않는 성구들도 많다고 주장한다. 게으름과 바른 교리에서 떠남으로 은혜를 무효가 되게 할 수 있다는 것이다 (A Declaration on the Perseverance of the Saints).

알미니우스의 가르침처럼 믿는 사람이 부족함이 없으면 구원에 이르고, 조건에 맞는 사람만 보존하면 결국 인간의 공로로 구원을 획득하는 것이 된다. 또 사람이 게으르거나 실수나 교리에서 떠남으로 은혜를 무효화한다는 것은 사람의 부주의가 그리스도의 구원 은혜를 폐기하는 것이 된다.

9.2.2.2. 예정 교리: 구원에 필수적 아님; 회개와 믿음이 구원의 확실성의 기초

알미니우스에 의하면 구원의 확실성의 기초는 회개와 믿음이다. 그는 복음이 회개와 믿음으로 영생을 얻는 것이면 예정 교리는 복음에 속하지 않는다고 주장한다. 예정 교리는 구원에 필수적인 것이 아니라는 것이다 (A Declaration of Arminius on Predestination; 2. I Reject This Predestination for the Following Reasons).

은혜의 주권적인 역사 없이 사람이 스스로 회개하고 믿어서 구원 얻는다고 주장하는 것은 사람이 최종 결정권을 갖는다는 것을 전제하는 것이다.

9.2.2.3. 자유의지 때문에 불가항력적 은혜가 아님: 예정 교리; 은혜 파괴

알미니우스는 주장하기를 사람은 자유의지를 갖고 창조되었는데 예정이면 자유의지를 행사할 수 없다는 것이다. 이 교리는 자유의지와 불일치한다는 것이다 (I Reject This Predestination, VIII). 더구나 믿음과 순종으로 영생에 이른다.

그런데 예정 교리는 그런 것을 전혀 고려하지 않으므로 이 교리는 은혜의 교리에 어긋나고 은혜를 파괴한다고 한다. 하나님의 은혜는 불가항력적 세력이 아니고 저항이 가능하다. 사람은 은혜를 저항할 수도 있고 헛되이 받을 수도 있다. 사람은 은혜에 찬동하거나 거부할 수 있다 (I Reject This Predestination, X, XI, XIII, XIV).

사람이 자유의지로 은혜를 거부한다는 것은 구원을 충용하는 일에 있어서 하나님을 방관자로 세우는 것을 뜻한다. 예정 교리가 자유의지를 전적으로 부정한다고 주장하는 것은 결국 사람의 자유의지가 마지막 말을 한다는 것을 뜻한다. 곧 사람이 자기의 구원을 결정하는 것이다.

9.2.2.4. 예정 교리: 자유의지 파괴

알미니우스는 가르치기를 예정 교리를 받으면 불가항력적 세력에 의해 사람이 필연적으로 죄짓게 되어 자유의지를 파괴한다고 한다. 또한 이 교리에 의하면 그리스도가 자기의 구속사역으로 사람들을 구원하는 것이 아닌 것이 되므로 그리스도에게 욕이 된다. 왜냐하면 그리스도가 선택의 근거가 되지 못하기 때문이라는 것이다 (I Reject This Predestination, XIV, XV).

또 사람이 예정으로 믿으면 하나님이 믿음을 주는 것이어서 이것은 불가하다고 한다. 사람이 믿어서 구원 얻는 것이 아니고 하나님이 주시는 것이라면 그것은 복음사역에 배치되는 것이다. 불가항력적 세력으로 사람을 살리면 복음사역자가 필요 없어진다는 것이 되기 때문이다 (I Reject This Predestination, XVIII).

그런데 사람은 전적으로 부패하였으므로 스스로 복음을 받아들일 수 없다. 하나님이 사람을 변화시켜 복음을 받아들이게 하셔야 믿을 수 있다. 그러므로 믿음이 하나님의 선물이다.

예정은 예수 그리스도의 복음을 믿어 구원 얻도록 정하신 것이다. 반드시 주 예수의 복음을 믿어 구원에 이르도록 선택하셨다.

9.2.2.5. 예정 교리는 하나님의 의(義) 사랑을 무너뜨림

알미니우스에 의하면 하나님은 모든 사람이 다 구원에 이르기를 원하신다. 그런데 믿음으로 구원받는 것이 아니고 하나님의 불변 의지에 의해서 정해지면 종교의 기초 곧 하나님의 의 사랑을 무너뜨리는 것이다. 다시 말하면 하나님은 사람이 하나님을 찾으면 그에게 영생을 주기를 원하신다. 그런데 예정으로 사람이 구원되면 하나님의 의 사랑의 교리가 무너진다. 왜냐하면 의를 이루어야 구원을 얻기 때문이다 (I Reject This Predestination, XVIII, XIX).

하나님은 사람으로 예수 그리스도를 믿어 구원에 이르도록 정하셨다. 이것이 예정 교리의 핵심이다. 다른 이해는 불가하다.

9.2.2.6. 예정 교리는 그리스도의 구속사역 없이 구원됨을 뜻한다고 함

알미니우스에 의하면 사람이 돌이키고 믿으면 은혜를 받는다. 그 때 그리스도의 은혜가 허용된다. 하나님은 죄인을 사랑하시므로 순종을 요구하신다. 곧 죄인이 회개하면 죄용서를 약속하셨다.

그러나 예정 교리에 의하면 하나님이 공의를 사랑함이 없이 그냥 구원하시는 것이므로 그리스도의 속량(贖良) 없이 구원받는 것이 된다. 곧 그리스도를 믿고 순종해야 그리스도가 그에게 구주가 된다. 하나님의 공의 사랑과 죄인 사랑이 함께 간다. 하나님은 자기를 찾는 자에게 영생을 주신다. 이것이 하나님의 의 사랑이다. 사람은 스스로 하나님을 찾을 수 있다 (I Reject This Predestination, XIX).

이 가르침의 핵심은 사람이 스스로 하나님을 찾아 믿으면 구원받을 수 있다는 것이다. 그러나 사람은 결코 스스로 하나님을 찾을 수 없다. 그리스도의 구속사역을 믿음 없이 단지 선택되었다고 구원받는 것이 아니다.

9.2.2.7. 무조건적 예정이 아니고 믿을 자들을 예지예정

알미니우스에 의하면 하나님은 무조건적인 예정을 하시는 것이 아니고 미리 아심으로 예정하신다. 하나님은 자기가 예정할 사람들을 미리 아신다 (A Decl. on Predestination; 3. A Second Kind of Predestination, 3). 하나님은 그의 예지로 믿고 인내할 사람들을 미리 아시고 믿지 않고 끝까지 믿지 않을 사람들을 미리 아시고 그렇게 정하셨다. 이 예지예정이 성경에 있는 확실한 진리라는 것이다 (6. My Own Sentiments on Predestination).

하나님이 믿을 자들을 예지하시고 예정하셨다는 것은 자격이 있는 사람들이 예정되었다는 것을 뜻한다. 이것은 사람의 자격이 예정되도록 한 것이므로 스스로 믿을 수 없는 사람들은 결코 구원받을 수 없다는 것을 뜻한다. 사람은 다 부패하였으므로 스스로 구원 얻을 자격을 갖출 수 없다.

9.2.2.8. 예정: 그리스도가 중보자로 예정됨뿐; 사람은 스스로 믿어서 구원됨

알미니우스는 그리스도만 예정되었고 사람은 예정되지 않았으므로 스스로 믿음을 결정해서 구원 얻는다고 가르친다.

하나님의 예정은 죄인을 구원하기 위해서 그리스도를 중보자로 정하신 것뿐이다. 그리스도가 죄를 멸하신다 (6. My Own Sentiments on Predestination). 사람이 그다음 일을 한다. 즉 회개하고 믿으면 하나님은 그를 자기의 호의로 받아들이신다 (6. My Own Sentiments on Predestination, 2). 하나님은 사람으로 자기의 구원을 이루게 하신다. 그러므로 사람에게 회개와 믿음이 요구된다는 것이다 (6. My Own Sentiments, 16. 17).

알미니우스에 의하면 그리스도가 중보자로 예정되었고 사람은 예정된 것이 아니다. 구원 얻는 것은 전적으로 사람의 결정으로 된다. 그러면 스스로 믿어서 구원 얻을 사람이 얼마나 되겠는가? 죄의 과격성 때문에 복음을 전파 받았을 때 스스로는 복음을 받아 믿으려고 하는 사람이 없다. 알미니우스는 죄의 과격성을 전혀 모른다.

9.2.2.9. 자유의지의 결정으로 구원에서 탈락: 그리스도만 떨어지지 않음

알미니우스는 떨어짐은 떨어지는 사람의 행동에 속한다고 주장한다. 믿는 자가 구원의 은혜에서 떨어지는 것이 불가능하다는 것이 아니라 교회가 그 위에 세워진 반석 곧 그리스도가 떨어질 수 없다는 것이다. 어떤 사람이 반석 위에 세워지기를 원하지 않으면 떨어질 수 있다. 그러므로 그리스도는 믿는 자들이 떨어질 수 없다는 것을 지시하지 않았다 (An Examination of the Treatise of William Perkins, Concerning the Order and Mode of Predestination, Part 2).

그래서 개인이 떨어지는 것은 지옥의 권세에 의해서가 아니고 떨어지는 사람의 의지로 떨어진다. 더욱이 고대 교부들도 신자들이 구원에서 탈락할 수 있고 또 멸망할 수 있다는 의견을 나타냈다는 것이다 (ibid).

알미니우스의 주장대로 그리스도만 떨어질 수 없고 사람은 자유의지로 떨어질 수 있으면 누가 끝까지 구원에 이를 수 있을 것인가? 택함 받은 사람들은 받은 구원 은혜 때문에 구원에서 탈락할 수가 없다.

9.2.2.10. 탈락자: 돌이킬 수 없음

알미니우스는 떨어져 나간 사람은 다시 접붙일 필요도 없고 회개로 돌이킬 수도 없다고 히브리서가 말하였다고 주장한다 (An Examination of the Treatise of William Perkins, Part 2). 하나님의 말씀은 죽지 않는 씨이지만 말씀을 받는 사람들의 심장에서 말씀이 제거될 수 있다고 한다 (An Examination of the Treatise of William Perkins, Part 2).

한 번 떨어진 사람이 돌이킬 수 없으면 누가 구원받을 수 있을 것인가? 옥토에 떨어진 씨는 반드시 자라 열매를 맺는다.

9.2.2.11. 자기 죄로 정죄받은 사람: 영생 수여 안 하심; 믿음과 은혜에서 떨어짐

알미니우스에 의하면 영생에 합당하지 않는 자에게는 하나님은 영생을 주시지 않는다. 자기의 죄로 영원한 정죄를 받은 자에게는 영원한 생명을 수여하지 않으신다. 그러면 영생에 이르도록 주어진 은혜에서 그는 참으로 탈락할 수 있다고 한다.

하나님은 믿고 회개하는 자에게만 영생을 주기를 원하신다. 따라서 영생에 이르는 근본인 믿음에서 떨어지면 은혜에서 떨어지고 그리스도와의 연합에서도 떨어진다 (An Examination of the Treatise, Part 2).

알미니우스는 성경본문들이 참 신자는 믿음에서 떨어지지 않는다는 것을 결코 가르치지 않는다고 주장한다. 그러나 이 가르침과 반대되는 성경본문들이 있다는 것도 부정하지 않는다 (A Decl. on V. The Perseverance of the Saints)고 하였다.

참 신자도 믿음과 구원에서 떨어지고 정죄된다면 그리스도의 구원사역과 은혜가 헛되게 된다. 자격을 갖춘 사람만 구원받으면 구원될 사람은 아무도 없다. 믿고 회개한 사람에게만 영생을 주시는 것이 진리이다. 어떻게 그들이 그리스도와의 연합에서 탈락할 수 있다는 말인가?

9.2.2.12. 구원에 있어서 자유의지가 마지막 말을 함

알미니우스의 가르침의 문제점을 살펴보자.

회개와 믿음이 은혜의 역사 없이 자유의지의 결정으로 생겼다면 언제든지 마음은 바뀔 수 있다. 따라서 믿음 결정이 변하면 믿음과 구원에서의 탈락은 언제든지 가능하게 된다. 사람이 믿음을 결정했으니 마음이 변하면 구원에서 탈락하는 것은 당연한 일이다. 사람의 자유의지의 결정에 의해서 하나님의 은혜와 구원이 떨어져 나가거나 유지될 수 있다. 그러면 하나님이 예정하셨어도 사람이 자기의 결정으로 하나님의 구원을 받기를 거부하면 구원이 무효가 된다.

이렇게 하나님의 구원 은혜가 알미니우스의 자유의지의 교리의 바위에서 무참히 부서진다. 사람의 자유의지가 마지막 결정을 하기 때문이다.

예정은 복음선포로 주 예수를 믿어 구원에 이르도록 정함이다. 복음선포를 믿음 없이 구원되도록 예정함이 결코 아니다. 알미니우스가 예정 교리를 바르게 이해하지 못하였다.

9.2.3. 웨슬리의 견해

웨슬리도 알미니우스의 신학에 기초하여 믿음과 성화도 잃을 수 있다고 반복한다.

9.2.3.1. 자유의지로 구원 선택하는 자 구원받음: 은혜를 저항하여 탈락 가능

웨슬리는 자유의지로 구원을 선택해서 구원받는다고 가르친다.

모든 사람은 은혜로 자유의지가 회복되었다. 자유의지로 하나님과 함께 일할 능력을 가진다 (W., X, 231). 이 회복된 자유의지로 선악을 선택할 자유를 가진다 (W., X, 468).

그리스도 안에 있는 구원이 만인에게 제공되었으므로 이에 동의하는 사람은 모두 실제로 구원하신다. 그러나 강요하지 않으신다. 자유의지로 그렇게 할 수 있다 (W., X, 235).

자유의지는 자기 결정의 힘인데 이 자유는 하나님이 가지신 것이다. 그런데 사람도 이에 동참할 수 있다. 이 자유의지로 더 나은 것 곧 구원을 선택하면 죽을 때까지 그것을 계속할 수 있다 (W., VII, 228-229). 사람은 자기에게 주어진 하나님의 은혜를 사용해야 한다 (W., XIII, 96). 그러나 사람은 자기에게 주어진 은혜를 저항할 수 있다. 그러므로 예정은 무조건적이 아니고 조건적이다 (W., X, 360).

자유의지가 회복되었으므로 사람은 자유의지로 구원을 선택하거나 거부할 수 있다. 또 예정도 조건적으로 이루어졌으면 하나님은 구원적용에 있어서 방관자이어서 사람의 결정에 모든 것을 의존할 수밖에 없게 된다. 이 경우 하나님은 전혀 주권적이지 못하고 사람의 결정에 종속하게 되어 의존적 존재가 된다.

9.2.3.2. 하나님과 동사해야 은혜를 입음: 아니면 구원 상실

웨슬리에 의하면 사람은 자기에게 주어진 은혜로 하나님과 동사할 수 있다. 사람의 영혼이 하나님에게 반응해야 하나님도 사람의 영혼에 계속해서 역사하신다. 하나님이 우리를 먼저 사랑하셨는데 하나님을 사랑하지 않으면 그의 영이 항상 힘쓰시지 않는다. 점진적으로 철수하셔서 우리를 어둠에 두신다. 그러므로 우리 영혼이 하나님에게로 호흡하지 않으면 하나님도 계속해서 우리에게 숨을 불어넣지 않으신다 (W., V, 233).

내 안에 있는 은혜의 불꽃을 일게 하면 하나님이 은혜를 더 주신다. 하나님이 일하시므로 나도 일할 수 있다. 하나님이 일하시니 나도 일해야 한다. 요컨대 우리가 우리 자신을 구원하지 않으면 하나님도 구원하지 않으신다. 그러므로 우리의 소명과 선택을 확실하게 하도록 가능한 모든 수단을 다 사용하라 (W., VII, 511-513)고 한다.

우리가 우리 자신을 구원하지 않으면 하나님도 구원하시지 않는다면 하나님은 사람의 처분에 전적으로 매이는 존재가 되어 하나님이실 수 없게 된다. 하나님은 자기 백성을 확실하게 회복하기 위해 그리스도의 구속사역을 성령으로 힘써 적용하신다.

9.2.3.3. 믿음을 잃고 회복 못함

웨슬리에 의하면 믿음은 앞서 온 은혜와 협동하여 이룬 것이므로 잃을 수 있다. 믿음을 잃었다가 회복할 수 있으나 회복하지 못하고 삶을 마칠 수 있다 (W., VI, 526).

믿음은 잃을 수 있고 믿었던 사람도 구원에서 탈락한다는 웨슬리의 가르침은 믿음은 하나님이 주신 것임을 부정하고서 자력으로 믿는 믿음만을 알기 때문에 생긴 잘못이다.

9.2.3.4. 완전성화로 칭의 됨: 칭의는 획득사항

웨슬리는 구원과 성화도 선행하는 은혜로 시작하고 완전성화로 칭의 받는다고 가르친다 (W., VI, 44).

그런데 칭의는 선물이 아니고 획득사항이므로 성화하지 않는 자를 칭의하는 법이 없다. 하나님은 거룩하게 되지 않는 자는 칭의하지 않으신다. 하나님은 거룩하게 된 자를 칭의하신다. 왜냐하면 의롭다 함을 받은 자는 의롭게 되어졌기 때문이다 (W., V, 57).

칭의가 선물이 아니고 완전성화로 얻은 것이면 성화를 온전히 이룬 사람만 구원에 이른다는 것이 된다. 그러면 누가 완전성화를 이루어 구원받을 수 있는가?

9.2.3.5. 믿음이 상실될 수 있음: 점진성화로 순간성화에 이름

웨슬리에 의하면 믿음에 의한 칭의는 계속적인 순종과 믿음으로 유지된다. 그러므로 믿음이 상실될 수 있다 (W., I, 321; VIII, 47).

점진성화는 깨끗함과 자람을 뜻하는데 죄에 대해서는 더욱 죽고 하나님에게로 점점 더 사는 것을 말한다 (W., VI, 46). 그리스도의 장성한 분량에 이르도록 그리스도인들은 점점 자란다 (W., VI, 91, 509). 자람에 있어서 선한 행위들이 거룩함의 조건이 된다 (W., XII, 333-34).

칭의가 선물이 아니고 선한 행실들로 획득하면 구원 은혜는 필요가 없다. 잃을 수 있는 믿음은 인간이 자기의 힘으로 이루어낸 믿음이어서 구원하는 믿음이 될 수 없다.

9.2.3.6. 완전성화를 잃을 수 있음

웨슬리는 가르치기를 점진성화에서 순간성화에 이르지만 성화를 잃을 수 있다고 한다.

그리스도인이 거룩하게 되는 것은 현생에서 도달 가능하다 (W., XI, 367). 곧 점진적인 성화과정을 거쳐서 순간성화에 도달한다. 완전성화는 순간에 일어나는 일이다 (W., VI, 49; XIV, 261-262).

전적 성화가 순간에 이루어지지만 이 완전성화의 경험을 잃을 수 있다. 그렇지만 다시 회복할 수도 있다 (W., VI, 526; XII, 389).

완전성화로 칭의 받는데 완전성화를 잃을 수 있으면 칭의도 잃어버리게 되어 구원을 위한 모든 노력이 허사가 된다. 이런 불안한 과정으로 누가 구원의 확신을 갖고 구원받을 수 있는가?

9.2.4. 논평

웨슬리의 가르침에 의하면 사람은 자유의지로 선행하는 은혜와 협동하여 구원을 얻을 수 있다. 또 자유의지로 성화를 이루어 칭의를 받는다.

완전성화로 의롭게 되어 칭의를 받는다면 그것은 주 예수를 믿는 믿음으로 받는 것이 결코 아니다. 합당한 선행을 행하여 하나님의 눈에 만족하였을 때 받는 칭의이다. 그뿐만 아니라 완전성화를 현생에서 이루었는데 그 완전성화도 잃어버릴 수 있으면 구원에서 탈락하게 된다. 그렇다면 그리스도의 구속사역은 무슨 효험이 있는가?

웨슬리에 의하면 그리스도는 단지 구원의 가능성을 획득하여 누구나 구원에 이를 수 있는 길을 열었다. 따라서 구원 결정은 사람이 자기의 자유의지로 할 수 있게 되었다. 구원 사역을 이루신 하나님도 구원 적용에 있어서는 사람의 결정만을 기다리는 것밖에 없다. 구원 적용에 있어서는 하나님은 방관자이고 수동적인 자리에 있을 뿐이다.

웨슬리는 믿음을 구원의 조건이라고 하면서 자유의지가 선행하는 은혜와 협력하여 믿음을 일으켰으므로 은혜의 선물이 아니라고 한다. 믿음과 성화가 사람의 획득사항이므로 그에 합당한 행함을 계속할 수 없으면 믿음과 구원에서 탈락은 당연한 것이 된다.

이런 가르침은 은혜의 주권성을 근본적으로 헐어내리는 것이다. 그리스도는 구원의 가능성만 획득하였으므로, 구원을 받고 거부하는 것은 전적으로 사람의 결정사항이다. 따라서 은혜의 주권성은 전적으로 배제된다.

알미니우스는 구원 은혜의 도움으로 자유의지가 구원을 결정하는 것으로 주장하였다. 반면 웨슬리에게는 사람의 자유의지가 주권적이다. 자유의지가 앞서 오는 은혜의 도움을 입어 구원에 관한 모든 것을 결정한다. 이 면에 있어서 웨슬리의 가르침은 펠라기우스의 신학과 완전히 일치한다.

웨슬리는 예정을 철저하게 반대한다. 그런데 그는 예정을 그리스도의 구원사역을 믿지 않고도 구원에 이르도록 작정한 것으로 이해하였다.

　예정은 그리스도의 구원사역을 믿어 구원받도록 정하신 것을 말한다. 웨슬리와 종교개혁자들이 예정을 잘못 이해하였고 잘못 제시한 것이다. 복음을 믿어 구원에 이르도록 예정하셨다. 주 예수를 믿는 믿음과 상관없이 예정됨만으로는 구원 얻을 수 없다.

　요컨대 자유의지가 선행 은혜와 협동하여 믿음과 구원과 선한 행실과 완전성화를 이루어낼 수 있으면 하나님은 부질없이 구원을 이루신 것이 된다. 그리스도의 구원사역을 믿지 않고도 예정됨만으로 구원받는다는 것은 전혀 성경의 가르침이 아니다.

　웨슬리의 가르침을 따르면 하나님은 구원사역을 이루시고도 그 적용에 있어서 방관자로 계신다. 따라서 인간의 자유로운 결정에 전적으로 매이는 무능한 존재일 뿐이다.

성경 색인

구약

창 1:26-27	36	창 3:15-19	47
창 2:2-3	36	창 15:6	84
창 2:15-17	36	시 119:9	181
창 2:17	123	시 119:67, 71	174
창 2:19-20	36	시 119:71	173
창 3:1-7	37	전 11:1	199
창 3:9	47	합 2:4	86

신약

마 4:17	72	요 4:14; 7:37-39	160
마 11:28-29	47	요 5:24, 26; 6:33, 35	235
마 25:31-46	134	요 6:34-58	160
마 25:46	134	요 7:37-38	163
막 1:15	72	요 7:38	163
막 14:36	162, 163, 164	요 8:34	130, 131
눅 12:15	176	요 10:28	234
눅 13:3, 5; 15:7, 10; 24:47	72	요 10:29	234
눅 14:14	129	요 14:16	162, 168, 235, 236
요 1:3	133	요 15:1-7	156
요 1:3, 10	129	요 15:2-7	155
요 1:12	128	요 15:3; 13:9-10	181
요 1:12; 3:15-16	129	요 15:16	234
요 3:15-16	126, 133, 134	요 17:17	181
요 3:15-16, 36; 5:24; 6:47; 10:28	134	행 2:38	78
요 3:16	78, 84	행 2:38; 5:31; 17:30; 20:21	72
요 3:16-18	53	행 13:1-3	54
요 3:16, 36; 5:24; 6:40, 47	126	행 13:39	114
요 3:35	165	행 15:9	83

행 15:10	115	롬 5:9	114, 126
행 16:31	78	롬 5:9-10	122, 123
행 24:15	129	롬 5:12	130
롬 1:16-17; 3:21-22	86	롬 5:18	125, 133
롬 1:17	69, 82	롬 5:18, 21	125
롬 1:17; 5:21	126	롬 5:21	125
롬 2:17-29	113	롬 6:1-19	202
롬 3:10-18, 20	114	롬 6:2	38, 123, 125, 130, 132, 188
롬 3:10-19	121	롬 6:2-11	188
롬 3:20, 28	85	롬 6:3-5	156
롬 3:21-22	113, 125	롬 6:4-8	116
롬 3:22; 10:10	112	롬 6:5-8	131
롬 3:22-27; 4:5	125	롬 6:6	130, 131, 188, 189, 202
롬 3:24	113, 114, 115, 123	롬 6:6, 11	189
롬 3:24; 4:25; 5:9	133	롬 6:6, 16-17, 20	130
롬 3:24-25	123	롬 6:8-9	156
롬 3:24-26; 4:23-25; 5:6-9	112	롬 6:11	132, 188
롬 3:24, 26, 28, 30; 4:5; 5:1, 9; 8:30	113	롬 6:12	202
롬 3:25; 5:10-11	112	롬 6:13	132
롬 3:28	83	롬 6:13-14	132
롬 3:30	84	롬 6:13, 19; 12:5	156
롬 4:9	84	롬 6:14	187
롬 4:9-11	85	롬 6:16-17, 20	130
롬 4:14, 16; 8:17	129	롬 6:16, 19	131
롬 4:16; 8:17	126	롬 6:18	202
롬 4:16; 8:17, 23, 32	129	롬 6:18-19	130
롬 5:1	85, 126, 133	롬 6:19	132
롬 5:1; 3:22-24	113	롬 6:22	130, 132
롬 5:2, 21; 6:5; 8:17-18, 21; 9:23	134	롬 6:23	38, 123, 125, 130
롬 5:5	161	롬 7:8	176
롬 5:8-10	122	롬 7:15-20	205
롬 5:8, 10; 8:29	128	롬 7:24	205

성경 색인

롬 8:1	85, 128, 129, 130, 134, 162, 163, 164, 165, 193, 194	고전 2:5	113
		고전 2:7	129
롬 8:3-4	123	고전 3:1	73
롬 8:5	194	고전 3:16; 6:19	129, 161
롬 8:5-6	194	고전 3:16-17; 6:19	197
롬 8:5, 9, 13	73	고전 6:15	156
롬 8:7-8	194	고전 6:19	165
롬 8:9, 10, 26; 6:6, 13	196	고전 10:31	200
롬 8:9-11	194	고전 12:12	157
롬 8:9, 11, 15	162	고전 12:12-27	157
롬 8:11	164	고전 12:27	157
롬 8:12-13	194	고전 15:28	169
롬 8:14	193, 194	고후 1:22	163
롬 8:14-16	128	고후 1:22; 5:5	129, 164
롬 8:14-17	128, 129	고후 3:17	196
롬 8:15	129, 130, 162, 163, 164	고후 3:18; 4:17	134
롬 8:15-16	85, 162	고후 4:16	129
롬 8:16	163	고후 4:17	129
롬 8:17	85, 129, 165	고후 5:14	200
롬 8:17-21, 23, 30, 32; 5:2	129	고후 5:17	190
롬 8:23	164	고후 5:18	112
롬 8:26-27	192	고후 6:16	165
롬 8:29	133	고후 6:16-18	168
롬 8:35	235	갈 2:16	86
롬 10:10	79	갈 2:16; 3:11	85
롬 10:17	74	갈 3:3; 5:19; 6:9	73
롬 11:17-19	235	갈 3:7; 4:5-6	128
롬 11:17-19, 24	235	갈 3:10-13; 4:5	85
롬 11:17-24	155	갈 3:24	113
롬 12:4-5	157	갈 3:26	129, 133
롬 12:17	200	갈 4:4-5	47
고전 1:9	133	갈 4:4-6	85

갈 4:4-7	128	엡 4:30	196, 235
갈 4:5-6	128	빌 3:21	134
갈 4:5-7	129	골 1:20, 22	112
갈 4:6	130, 162, 163, 164	골 2:14	115
갈 4:7	85, 129	골 3:4	129, 134
갈 5:1	130	골 3:5	176
갈 5:13	131	골 3:9	73
갈 5:16-18, 25	196	살전 2:12	134
갈 6:9	199	살전 4:8	161
갈 6:14	183, 187	살전 5:17	193
갈 6:15	190	딤전 6:8-10	175
엡 1:4	234	딤전 6:10	175
엡 1:5	81	딤후 2:10	129
엡 1:6	200	딤후 4:7-8	229
엡 1:7	114	딛 3:7	126, 129, 134, 165
엡 1:13; 4:30	129, 163, 235	히 1:2	129, 133, 165
엡 1:13-14; 4:30	161	히 2:10	129, 133
엡 1:14	164, 235	히 4:14	133
엡 1:14; 4:30	163	히 9:24	120
엡 2:8	127, 234	약 2:17	103
엡 2:8-9	67, 85, 113, 126, 127, 234	약 4:5	168
엡 2:10	200	벧전 1:7; 5:10	129
엡 2:15	115, 190	벧전 2:5	169
엡 2:15; 4:24	190	벧전 4:1; 5:10	173
엡 2:16	112	벧후 2:3	176
엡 2:22	161, 169	벧후 3:9	72
엡 2:22; 4:30	161	요일 1:7	183, 185, 186
엡 3:6	126, 129, 165	요일 2:2; 4:10	112
엡 3:12	81	요일 2:27	168
엡 3:17	68, 69, 82, 83, 190	요일 5:13	134
엡 4:13	202	계 21:3	168, 169, 197

라틴어와 다른 언어 용어 색인

abrogare 42
accomodatio salutis 65
actus forensis 117
actus nostri sunt meritori 94
actus physicus 117
A Declaration of the Sentiments of Arminius on Predestination (A Declaration) 150
A Declaration of the Sentiments of Arminius on the Perfection of Believers in This Life (on the Perfection of Believers in This Life) 225
A Declaration on My Own Sentiments on Predestination (My Own Sentiments on Predestination) 151
A Declaration on Predestination 150, 151
A Declaration on the Perseverance of the Saints 241
adoptio 128
Alio modo dicitur cogitare magis proprie consideratio intellectus 91
ἄλλον παράκλητον δώσει ὑμῖν 235
An Examination of the Treatise of William Perkins 147, 246, 247
applicatio salutis 43
ἄρα ἡ πίστις ἐξ ἀκοῆς, ἡ δὲ ἀκοὴ διὰ ῥήματος Χριστοῦ 74
Arminius (Jakobus) 147, 225, 240
αρραβων 163
assentia 73, 79, 87
Augustinus 227
Boquinus 55
by mild and gentle suasion 147
caro 64
caro, homo carnalis 202
certitudo absoluta 81
Charitas est forma fidei 96
Christianae Religionis Institutio (Institutio) 155
cognitio 73
complantati 156
Concerning the Order and Mode of Predestination 147, 148, 246
concilium Tridentinum (concilium Trident.) 260
concupiscientia 178
confessio fidei 77, 154
confirmatio 80
consilium creationis 36
conversio 70, 71
Credere est cum assensu cogitare 91
culpa 42
culpa peccati 124
Cum autem fides sit perfectio intellectus 91
Cum credere sit actus intellectus assentientis divinae veritati 94
cum Deo uniri 154
Cum fides formata sit principium

actus perfecti	95	Fides autem informis est communis omnibus membris Eccleisae	90
Cum perseverantia viae non sit effectus gratiae	97	fides est media inter scientiam et opininionem	87
Cum summus pontifex caput sit totius Ecclesiae a Christo intitutus	89	fides est substantia sperandarum rerum	88
cum verbo	55	fides formata	87, 88, 89, 93, 95, 96
deificatio	159	fides historica	79
De Peccatorum Meritis et Remissione (De Peccatorum Meritis)	227	fides implicita	80, 86
Deus incarnatus	42	fides importat assensum intellectus ad id quod creditur	87
Deus ipse	87		
διὰ ῥήματος Χριστοῦ	74, 260, 261	fides informis	87, 91, 93, 94, 95
disposition	218	Fides informis et fides formata unus et idem habitus est	93
Disputations, 11, On the Free Will of Man and Its Powers (Disputations)	147	fides, qua creditur	73
		fides, quae creditur	73
efficacia Spiritus	49	fides salvifica	79, 86, 96
efficacitas Spiritus Sancti	51	fides salvifica, salutaris	66
ego gratificatio	178	fiducia	28, 73, 75, 80
Empfangsbereitschaft	101	φιλαργυρια	175
εγκεντρισις, ενκεντιρισθης, εγκεντρισαι	155	Finney (Charles)	138, 222
		Finney's Systematic Theology (ST)	138
entire sanctification	207, 222	formata	87, 88, 89, 91, 93, 94, 95, 96
επιστροφη	72	good works	144
ἐπιθυμια ἁμαρτιας	202	habet etiam ordinem ad bonum	96
Et ideo fides formata est virtus	96	habitus	90, 93, 95
evangelium	47	αγιωσυνη	167
explicita fides	92	ὅσοι γὰρ πνεύματι θεοῦ ἄγονται, οὗτοι υἱοὶ θεοῦ εἰσιν	193
fideles	171		
Fides autem Ecclesiae est fides formata	89	ideo illud est causa fidei informis	90
		incarnatio Dei	42

incurvatus in se	176	mortificatio veteris hominis	202
inhabitatio Spiritus Sancti	161	mutatio hominis exterior	117
inherent	221	My Own Sentiments on Predestination (My Own Sentiments)	151, 245
inimicitia	48		
inquantum fides formatur per charitatem	96	mysterium incarnationis Christi	87, 92
Institutio (Inst)	157, 158, 159, 184, 185	Nam ante statum peccati homo habuit explicitam fidem de Christi incarnatione	92
I Reject this Predestination	241-244		
ita quod sit aliquis perseverantiam mereretur	97	Nicomacheia Ethica (NE)	126
justificatio	117, 121, 154	נחם	71
justificatio est gratuita, gratis data	121	nomen Filii	47
		notitia fidei	76
justificatio peccatoris est actus judicialis	117	nudus assensus	79
		Olevianus	55
justitia aliena	100	omne quod quis meretur	97
justitia	42, 83	opera Divinitatis propria	87
Justitia jus suum unicuique tribuens	137	opus redemptivum Christi	41
		ordo salutis	40
justus	42, 81	Osiander (Andreas)	158
justus autem homo per opera sua bona	97	paenitentia	135
		palingenesis	49, 58
καὶ ἄλλον παράκλητον δώσει ὑμῖν, ἵνα μεθ' ὑμῶν εἰς τὸν αἰῶνα ᾖ,	235	peccator	42, 48, 117
		peccatores	48
		Pelagius	227
καὶ τὸ αἷμα Ἰησοῦ τοῦ υἱοῦ αὐτοῦ καθαρίζει ἡμᾶς ἀπὸ πάσης ἁμαρτίας	186	persecutio	48
		perseverantiae donum	236
		Perseverantiae donum est beneficium Dei	233
καθαριζει	186		
λόγος	74	perseverantia sanctorum	231
μετανοια	65, 72	Perseverantia sanctorum est donum Dei	233
mortificatio	171		

persuasio	58	Rede	41, 74
persuasio salutis	81	regeneratio	56, 58
per verbum	55	regeneratio, palingenesis	45, 49
pignus, obsignatio	43	ῥημα	74
πιστις	65	ῥημα του Χριστοῦ	74
πλεονεξια	176	sanctificatio	40, 165, 207, 222

- Post peccatum autem fuit explicite creditum mysterium incarnationis Christi 92
- Sanctificatio est gratuita Dei actio 171, 263
- σαρξ, caro 64
- praecedente sive praeveniente ista 239
- Schmaus (Michael), Katholische Dogmatik (KD) 100
- praedicatio evangelii 46, 76
- sed adveniente fide formata, tollitur fides informis 94
- pravitas 171
- Predigt 74
- sensus culpae 48
- prevenient grace 143, 211
- sensus peccati 48
- proprius justitiae actus est 137
- Si qui tamen salvati fuerunt quibus revelatio non fuit facta 92
- quia vis arcana Spiritus nostrae cum Christo coniunctionis vinculum est 154
- spiritus, homo spiritualis 202
- Spiritus Sanctus 49
- quidem cogitationem informem absque firmat assentione 91
- status internus 118
- שוב 72
- qui tenemus nos cum Christo uniri arcana Spiritus eius virtute 159
- succedit alius habitus fidei informis a Deo infusus 90
- quod ad modum operationis ejus gratiae attinet 239
- Summa Theologica (ST) 79, 87, 137
- summus pontifex 89
- quod homo per virtutes justificatur 95
- συμφυτοι 155
- συμφυτος 156
- quod quolibet actu meritorio mereretur homo augmentum gratiae 97
- supererogation 139
- terminus ad quod vocemur est unio cum Christo 56
- reactio naturalis 48
- The Works of John Wesley (Works, W.) 143, 207
- rebellio 42

Thomas Aquinas	79, 86	Vertrauensglaube	100
τὸ αἷμα Ἰησοῦ τοῦ υἱοῦ	186	vita aeternalis	42
Tridentinum	99, 100, 104	vivificatio novi hominis	202
Trinitas personarum	87	vocare	45
Unde ipamet fides informis fit formata	93	vocatio Dei	46
		vocatio efficax	27, 49
Unde omnis actus humanus	94	vocatio est actio Dei	46
Unde quicumque habitus est semper principium boni actus	95	vocatio externa	49
		vocatio interna	49, 50
unio arcana	158	vocatio specialis	49
unio mystica	154	vocatio supernaturalis, evangelica	50
unio mystica cum Christo	154		
unio spiritualis	158	vocatio universalis	47, 49
unio substantialis	158	vocatio verbalis	47
unitas Divinitatis	87	Vulgata	156
ut fides……sit in intellectu tanquam in subjecto	91	Warfield (Benjamin B.)	207
		Wesley (John)	142, 143, 207
veritas fidei	88	Witsius	55
veritas prima	87	Zanchius	55, 26
Verkündigung	74